Maria Heuermann/Mirja Kekeritz

Hörspiele im Deutschunterricht

Von der Idee zum fertigen Produkt – eine praktische Anleitung zum medialen Gestalten von Texten

3./4. Klasse

D1620017

Persen Verlag

Die Autorinnen:

Maria Heuermann ist Lehrerin an einer Grund- und Hauptschule in Niedersachsen und studierte die Fächer Deutsch, Sachunterricht und evangelische Religion.

Mirja Kekeritz ist Lehrerin für Grund-, Haupt- und Realschulen und studierte die Fächer Deutsch, Sachunterricht, Textiles Gestalten und Englisch. Derzeitig ist sie wissenschaftliche Mitarbeiterin an der Universität Osnabrück im Arbeitsgebiet Pädagogik des Grundschulalters.

Gedruckt auf umweltbewusst gefertigtem, chlorfrei gebleichtem und alterungsbeständigem Papier.

© 2014 Persen Verlag, Hamburg
AAP Lehrerfachverlage GmbH
Alle Rechte vorbehalten.

Grafik: Stefan Lucas u. a. (siehe Text- und Grafikverzeichnis)
Satz: Satzpunkt Ursula Ewert GmbH, Bayreuth

ISBN 978-3-403-23422-7

www.persen.de

Inhaltsverzeichnis

Literatur und Sprache neu entdecken!

Deutschunterricht soll den Schülern Spaß machen. Die Entwicklung eines Hörspiels ermöglicht es nicht nur, Literatur und Sprache auf motivierende Weise neu zu entdecken, sondern liefert gleichermaßen einen wertvollen Beitrag zum Kompetenzbereich Sprechen und Zuhören.

Wenn Sie nun an teure Aufnahmegeräte, komplizierte Computerprogramme und zahlreiche notwendige Materialien denken, werden Ihnen die vorliegenden Materialien zeigen, mit welchen einfachen Mitteln Sie eine hochwertige Aufnahme erzielen können!

Sie finden in diesem Buch eine komplette Unterrichtsreihe zur Produktion eines Gruselhörspiels, welche die Schüler schrittweise an das bewusste Sprechen, den Einsatz von Klangeffekten und Geräuschen sowie die Entwicklung eines Regieplans heranführt, bis schließlich ein fertiges Produkt mit mehreren Sprechern und Geräuschemachern entsteht. Alle Materialien sind gleichermaßen zur Vertonung anderer Textsorten einzusetzen, denn sie liefern die Grundbausteine einer sprachlich-szenischen Textgestaltung unter Berücksichtigung folgender Fragestellungen:

* Was ist ein Hörspiel? Welche Elemente hat ein Hörspiel?
* Wie sehen Regiepläne und Sprecheranweisungen aus?
* Wie lassen sich passende Geräusche erzeugen und einbauen?
* Wie kann mit Schülern das Sprechen geübt werden?
* Welche Materialien sind bei der Produktion eines Hörspiels notwendig und anzuschaffen?

Die enthaltenen Vorschläge und Arbeitsmaterialien richten sich im besonderen Maße an Schüler der 3. und 4. Klasse. Entsprechend modifiziert, lassen sie sich jedoch gleichermaßen in höheren Klassen einsetzen. Ebenfalls sind sämtliche Materialien auch in anderen Fächern, Projektphasen oder Arbeitsgemeinschaften verwendbar. Sie können die Produktion Ihres Hörspiels in den Deutschunterricht integrieren oder die Aufnahme im Rahmen einer Projektwoche umsetzen.

Wir wünschen Ihnen, dass die Hörspielproduktion Ihnen und Ihren Schülern ebenso viel Freude macht wie uns und die Arbeit daran zum Motor kreativer Denkprozesse wird.

Maria Heuermann & Mirja Kekeritz

Hörspiele in der Schule

Ausgehend von den unterschiedlichen Vorerfahrungen der Kinder, hat die Grundschule die Aufgabe, die kommunikativen Fähigkeiten der Schüler sowohl in alltäglichen als auch in gezielten Sprechsituationen zu fördern. Sprachhandlungssituationen in der Schule, wie das Kommunizieren in großen und kleinen Gruppen, das Weitergeben von Wissen, das Anwenden von Fachsprache, die Verständigung über unterschiedliche Inhalte sowie die Auseinandersetzung in einer Gemeinschaft, erfordern erweiterte sprachliche Fähigkeiten.[1] Weiterhin wird gefordert, dass Schüler lernen ihre Gedanken und Gefühle angemessen sprachlich auszudrücken und ihre Äußerungen im Hinblick auf Zuhörer zu formulieren[2]. Durch die Produktion von eigenen Hörbeiträgen werden eben diese Sprachkompetenzen im Besonderen gefordert und gefördert.

Während der Herstellung eines Hörspiels erproben die Schüler verschiedene Rollen und üben auf diese Weise vielfältige Darstellungsmöglichkeiten für Gedanken und Gefühle. Viele Aspekte bei der Fertigstellung eines eigenen Hörspiels können dem Bereich Zuhören zugeordnet werden: die Akustik, der richtige Einsatz der verschiedenen Elemente des Hörspiels, ein Hörspiel hören sowie das Gehörte anschließend reflektieren und anderen Kindern ein Feedback geben.

Die geforderten Fähigkeiten sind in dem Kompetenzbereich Sprechen und Zuhören verankert. Gesprächsfähig sind Kinder, wenn sie

- sachangemessen und partnerbezogen miteinander sprechen.
- sich in verschiedenen Gesprächssituationen zurechtfinden.
- Hörer- und Sprecherrollen einnehmen.
- einen Gegenstand oder einen Sachverhalt richtig erfassen und verständlich wiedergeben.
- sich in der Kommunikation und Zusammenarbeit mit anderen an Regeln halten.
- in der Gruppe über Arbeitsprozesse und -fortschritte diskutieren können.
- über die Wirkung von Sprache reflektieren können.

Unterrichtsmaterialien

Die vorliegenden Unterrichtsmaterialien beinhalten zwei Schwerpunktbereiche: Einen wichtigen Schwerpunkt bildet die medienorientierte Arbeit bzw. die Produktion eines Hörspiels. Die Schüler erfahren von den vielfältigen notwendigen Elementen, um mit einem Hörspiel die richtige Wirkung beim Zuhörer erzielen zu können. Beim Hörspiel wird also eine Geschichte mit Geräuschen und verschiedenen Stimmen inszeniert. Ein häufig vorhandener Erzähler beschreibt einzelne Handlungen oder fasst sie zusammen. Musik und andere Effekte erzeugen zusätzlich Spannung und vermitteln besondere Stimmungen.

Die in Lehrplänen geforderte **Medienkompetenz** wird mit der Hörspielarbeit in den Bereichen ,Bedienen und Anwenden' sowie ,Produzieren' und ,Präsentieren' gerecht, denn hier nutzen die Schüler digitale Medien und wenden sie zielgerichtet an. Des Weiteren erarbeiten sie unter Anleitung ein altersgemäßes Medienprodukt, wobei die Präsentation dessen von Beginn an im Fokus steht und motivierend wirkt. Die Schüler erhalten Kenntnisse sowohl über Produktionsbedingungen als auch über die Wirkung von Medien.

Ein zweiter Schwerpunkt ist die inhaltliche Ebene hinsichtlich der Ausgestaltung der Figuren, der Geräuschkulisse sowie dem Einsatz von Sprache. Gruselgeschichten sind für die Schüler eine tolle Möglichkeit, eigene Vorstellungen einzubringen, weiterzuentwickeln und zu versprachlichen.
Die inhaltliche Thematik „Gruselgeschichten" und „Hörspiel" ruft bei nahezu allen Schülern der Lerngruppe großes Interesse hervor. Die Motivation für die Unterrichtseinheit ist dementsprechend als besonders hoch einzustufen. Das Prinzip der Gegenwarts- und Zukunftsbedeutung wird dahingehend erfüllt, dass diese Reihe die **Sprachhandlungskompetenz** der Schüler erweitert. Die Schüler müssen im schulischen Alltag ständig kommunikative Situationen adressaten- und situationsgerecht bewältigen und sollen daher dazu befähigt werden, ihre Stimme bewusst einzusetzen.

---

[1] Ministerium für Schule und Weiterbildung NRW, Fachdidaktische Hinweise Deutsch Grundschule, Sprechen und Zuhören
[2] Niedersächsisches Kultusministerium (2006) S. 11

Technische Ausstattung

Ein Hörspiel aufzunehmen ist wirklich kinderleicht! Dank digitaler Diktiergeräte haben Sie Aufnahme- und Abspielfunktion in einem Gerät und mithilfe von Lautsprechern können Ihre Aufnahmen auch direkt im Klassenzimmer abspielt werden. So gelingt Ihnen mit relativ geringem technischen Aufwand ein hochwertiges Produkt.

Derartige Geräte nehmen auch entfernte Geräusche auf, sodass die Umgebung während der Aufnahme geräuscharm sein sollte. Die Aufnahme verschiedener Sprecher gelingt am besten, indem das Diktiergerät auf einen festen Platz gelegt wird und sich die Sprecher um das Gerät herum platzieren. Ein direktes Hineinsprechen ist hierbei nicht notwendig. Legen Sie das Gerät zur besseren Aufnahme auf eine weiche Unterlage, z. B. eine Filzmatte. Achten Sie darauf, dass der Geräuschemacher an einem gesonderten Tisch seine Geräuschwerkzeuge benutzt, da z. B. durch Poltern auf dem Tisch das Diktiergerät Störgeräusche aufnehmen würde.

Während der Unterrichtsreihe ergeben sich zahlreiche Möglichkeiten sich mit dem Gerät vertraut zu machen, sodass mit verschiedenen Geräuscheffekten gespielt werden kann.[3]

Für Fortgeschrittene und Medieninteressierte

Wenn Sie Lust haben, Ihre Hörspiele noch professioneller, mit getrennten Tonspuren und zusätzlichen Klangeffekten[4] noch professioneller zu gestalten, empfehlen wir das Programm Audacity – ein kostenloses Programm zum Aufnehmen, Bearbeiten und Abspielen von Audio-Dateien.[5]

---

[3] Geeignete Geräte: Olympus VN-712PC Diktiergerät (2 GB Speicher, Micro SD-Kartenslot, USB-Anschluss, inkl. Batterien & Tasche) oder das Easi-Speak-Mikrofon vom Diesterweg Verlag

[4] Zahlreiche kostenlose, lizenzfreie Klangeffekte finden Sie unter anderem bei www.auditorix.de, www.hoerspielbox.de oder www.audiyou.de

[5] Auf http://mediencamp.net/downloads/microsoft-word---audacity-final.pdf sind wesentliche Funktionen des Programms anschaulich erklärt.

Elemente der Unterrichtsreihe

- Die Unterrichtsreihe besteht aus vier Elementen: Hintergrundinformationen zum Hörspiel, Sprechen, Geräusche und die Aufnahme.
- Diese vier Elemente gliedern sich wiederum in einzelne Sequenzen, zu denen Sie in diesem Buch Materialien für Ihren Unterricht finden. Die Sequenzen können Sie problemlos Ihrer Unterrichtsform und -länge anpassen!

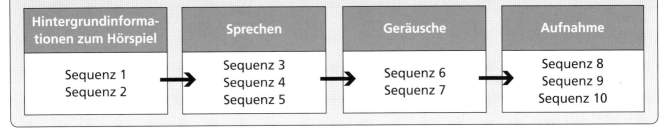

Hintergrundinformationen zum Hörspiel	Sprechen	Geräusche	Aufnahme
Sequenz 1 Sequenz 2	Sequenz 3 Sequenz 4 Sequenz 5	Sequenz 6 Sequenz 7	Sequenz 8 Sequenz 9 Sequenz 10

Rituale und Organisatorisches

- **Verlauf der Reihe:**
  - ⊙ Alle Titel der Sequenzen finden Sie als A5-Plakate in diesem Buch (➜ S. 14).
  - ⊙ Hängen Sie diese in Ihrer Klasse (an einer Schnur) auf.
  - ⊙ Eine Klammer markiert die aktuelle Sequenz.
    - – Zu Beginn jeder neuen Sequenz setzt ein Schüler die Klammer ein Plakat weiter und benennt die neue Sequenz.
      So schaffen Sie Transparenz für die Schüler und machen sie auf kommende Inhalte neugierig!

- **Die Gruppen:**
  - ⊙ Wir empfehlen Vierer-Gruppen:
    - – einen Florian Bibber, einen Erzähler, ein Fantasiewesen, einen Geräuschemacher.
    - – Ausnahme bildet die Gruppe 6: Hier sind nur drei Rollen zu besetzen!
  - ⊙ Arbeiten Sie an der Vertonung eines anderen Textes, sollte sich die Gruppenzusammensetzung den textlichen Gegebenheiten bzw. den charakterlichen Strukturen anpassen.
  - ⊙ Die einzelnen Hörspiele der Gruppe ergeben das gesamte Hörspiel. Jede Gruppe liefert somit einen wichtigen Beitrag zum Endprodukt!
  - ⊙ Jede Gruppe sollte ausgestattet werden mit:
    - – einer Geräuschebox (➜ S. 70)
    - – einer Mappe mit Regieplänen und Lesetexten für jeden Schüler (➜ S. 35 ff.)
      So haben die Schüler immer alle Regiepläne in der Schule bereitliegen.
  - ⊙ Übergeben Sie die Verantwortung für die Materialien und Gruppenorganisation an die Schüler. Jede Gruppe sollte einen Zeitwächter, einen Leisewächter und einen Materialwächter (zuständig unter anderem für die Mappe und Geräuschebox) bestimmen (➜ S. 59).

- **Die Gruppenzusammensetzungen:**
  - ⊙ Hier kennen Sie Ihre Schüler am besten und wissen, welche Kinder am besten zusammenarbeiten können.
  - ⊙ Wir empfehlen, leistungsheterogene Gruppen zu bilden, da sich bei einer Hörspielproduktion Schüler mit einem guten sprachlichen Ausdruck oder mit Kreativität hinsichtlich des Entwickelns und der Umsetzung von passenden Geräuschen sowie Schüler mit einer schönen Erzählstimme gegenseitig positiv unterstützen können.

Umgang mit dem Material in diesem Buch

- **Die Auftragskarten:**
  - ⊙ Die Schüler erlesen selbstständig ihren Auftrag.
  - ⊙ Die Auftragskarten können in die Gruppenmappen gelegt werden.
  - ⊙ Erledigte Aufgaben können abgehakt werden.

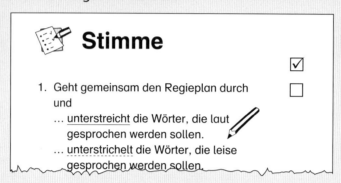

- **Höraufträge und Kriterien ...**
  - ... unterstützen das verstehende Zuhören und geben einen Fokus.
  - ... werden immer gemeinsam erarbeitet und besprochen.
  - ... können von den Schülern in ihr Heft übertragen werden.
  - ... sollten (während des Hörens) gut sichtbar (an der Tafel) visualisiert werden.

- **Der Regieplan:**

- ⊙ Jeder Schüler hat seinen eigenen Regieplan, in dem er seinen Text markiert und Geräusche oder Pausen und Betonungen kenntlich macht.
- ⊙ Eine Kopie der Regiepläne im DIN-A3-Format empfiehlt sich.
- ⊙ In die grauen Felder unter die **Sprechernamen** werden die **Sprecharten** eingetragen (z. B. ärgerlich, flüsternd, verängstigt ...).
- ⊙ Befinden sich zwei **graue Felder** in einem Abschnitt, weisen sie auf einen Wechsel in der Sprechart innerhalb eines Abschnittes hin.
- ⊙ Geräusche werden im Text durch einen roten Punkt markiert. Die rechte Spalte bietet Platz, um zu notieren, wie die Geräusche produziert werden.

Maria Heuermann / Mirja Kekeritz: Hörspiele im Deutschunterricht
© Persen Verlag

Beobachtungskriterien (Leistungsbewertung)

Hinsichtlich der Leistungsbewertung hilft es, sich zentraler Kriterien bewusst zu werden, um sich nicht auf zufällige Beobachtungen oder erinnerte Eindrücke allein berufen zu müssen.

Hierbei ist natürlich zu beachten, dass die aufgeführten Kriterien die personalen und sozialen Kompetenzen, die über das Fachliche hinausgehen, nur in Ansätzen erfassen.

Insbesondere im Kompetenzbereich „Sprechen und Zuhören" zeigen viele Schüler ganz andere Leistungen und Motivationen als in anderen Bereichen des Deutschunterrichts. Lassen Sie sich überraschen!

Folgende Fragestellungen sollen Ihnen helfen, die Schüler während der Unterrichtsreihe kriterienorientiert wahrzunehmen:

Spielraum im Medium Hörspiel ausfüllen:

Inwieweit füllt der Schüler seine Rolle aus?
Spielt der Schüler mit unterschiedlichen Sprecharten, Stimmhöhen usw.?
Wie ideenreich zeigt sich der Schüler beim Einsatz von Geräuschen?

**Inwiefern kann der Schüler mit den erlernten Fähigkeiten – den „Werkzeugen" –
eigenständig umgehen und diese flexibel einsetzen?**

Verstehend zuhören:

Kann sich der Schüler bewusst auf das Hören konzentrieren?
Inwieweit kann der Schüler gezielt nachfragen und (Nicht-)Verstehen zum Ausdruck bringen?
Inwieweit können entlang der Höraufträge kriterienorientiert Inhalte verstanden
und Fragen zum Gehörten beantwortet werden?
Kann der Schüler kriterienorientiert Rückmeldung an die Mitschüler geben?

Inwiefern kann der Schüler auditive Inhalte verstehen und wiedergeben?

Rückmeldungen:

Inwieweit kann der Schüler Rückmeldungen (seitens der Mitschüler/ der Lehrer) aufnehmen?
Inwiefern nimmt der Schüler diese Rückmeldungen konstruktiv auf?

**Welche Entwicklungsfortschritte macht der Schüler in seiner
Rolle/Aufgabe während der Unterrichtsreihe?**

Einbringen in die Gruppe:

Bringt sich der Schüler in die Gruppe ein und versteht sich als ein Teil von dieser?
Inwieweit nimmt der Schüler seine Aufgabe innerhalb der Gruppe wahr?

Welchen Anteil hat der Schüler am Gruppenprozess?

Thema der Sequenz	Verlauf	Methode/ Sozialform	Material
Hintergrundinformationen zum Hörspiel			
Sequenz 1: Hörspiel ist nicht gleich Hörspiel!	**Einstieg:** 1. Hördurchgang: Abspielen eines kurzen Hörspiels **Erarbeitung:** • Um welches Genre handelt es sich? • Wie sind die eigenen Erfahrungen der Kinder mit Gruselgeschichten und Hörspielen? Zweiter Hördurchgang mit Hörauftrag: • Wodurch kommt eine gruselige Atmosphäre zustande? • Was macht das Hörspiel besonders gut/schlecht/interessant? **Schluss:** Die Merkmale eines guten Hörspiels werden von den Schülern genannt und zur Ergebnissicherung von der Lehrkraft an der Tafel zusammengetragen. Mögliche Ergebnisse: • verschiedene Sprecher • passende Geräusche • betontes Sprechen **Ausblick:** Lehrer präsentiert den Verlauf der Unterrichtsreihe anhand der Verlaufsschnur. **Hausaufgabe:** Lesetext: „Geschichten zum Hören"	Stummer Impuls/ Klassenkreis Unterrichtsgespräch Plenum Plenum/Schüleräußerungen Tafeltext/Hefteintrag	– Abspielgerät für Hörspiel – Hörspiel-Beispiel[1] – Verlaufsplanung (→ S. 14) – Wäscheklammern – Lesetext (→ S. 19)
Sequenz 2: Wir lernen die Geschichte unseres Hörspiels kennen!	**Vorbereitung:** Ein Schüler stellt an der Verlaufsschnur das Thema der neuen Sequenz vor und setzt die Wäscheklammer entsprechend weiter. Dies erfolgt ritualisiert im gesamten Reihenverlauf. **Einstieg:** Besprechung der Hausaufgaben **Erarbeitung:** Schüler erhalten den Hörauftrag zu einer Figur und eine Hörauftragskarte. Die Lehrkraft präsentiert in unheimlicher Atmosphäre die Gruselgeschichte von „Florian Bibber" und zeigt den Schülern an passender Stelle die Bilder zu den Gruselwesen. Die Schüler machen sich während des Zuhörens Notizen auf ihrer Hörauftragskarte. Schüler erarbeiten in Gruppen Informationen und Geräusche zu „ihrem Gruselwesen" aus der Geschichte (Plakate entstehen).	Plenum/Schüleräußerungen Plenum/Einzelarbeit Gruppenarbeit	– Verlaufsplanung (→ S.14) – Wäscheklammer – Lesetext (→ S. 19) – Hörauftrag (→ S. 24) – Gruselgeschichte (→ S. 20) – Bilder der Charaktere (→ S. 25) – Figuren-Plakat (Auftragskarte) (→ S. 29)

---

[1] Besonders geeignet ist die CD Leselöwen: Gruselgeschichten (Jumbo Neue Medien): Track 4 „Der schreckliche Baldurach". Falls diese nicht vorliegt, wäre auch das Abspielen anderer Hörspiele (z.B. Die ???, TKKG o. Ä.) möglich.

Thema der Sequenz	Verlauf	Methode/ Sozialform	Material
Sequenz 2: (Fortsetzung)	**Schluss:** Schüler stellen ihre Ergebnisse vor. **Hausaufgabe:** Schüler wiederholen die Geschichte, indem sie sie anderen Personen erzählen, und überlegen sich einen Titel/eine Überschrift für die Geschichte.	Plenum/ Schüleräußerungen	

 Wenn Sie Ihre Schüler eigene Gruselfiguren erfinden lassen möchten, die Teil des Gruselhörspiels werden sollen, nutzen Sie an dieser Stelle das Zusatzmaterial „Entwicklung einer eigenen Gruselfigur" (→S. 30).

Sprechen			
Sequenz 3: Der Regieplan – Wer spricht wann was?	**Einstieg:** Die Schüler wiederholen die Geschichte von Florian Bibber und sammeln Ideen für einen möglichen Titel des Hörspiels. In der Klasse wird über den besten Titel abgestimmt.	Plenum/Schüleräußerungen/ Meldekette	
	Erarbeitung: Die Lehrkraft erläutert den Schülern den Regieplan (auf Folie). Der Aufbau des Regieplanes wird exemplarisch besprochen. Mögliche Fragestellungen: ● Wer spricht was? ● Wofür sind die grauen Felder? ● Was wird in die rechte Spalte geschrieben?	Plenum/Schülerfragen	– Regieplan (auf Folie) (→S. 46)
	Die einzelnen Hörspielgruppen finden sich zusammen und erhalten ihre Gruppenmappe (mit Regieplänen, Lesetexten sowie den Auftragskarten für die Gruppenarbeit). Die Gruppe teilt eigenständig ihre Rollen ein. (Wegweiser „Rituale und Organisatorisches" → S. 7)	Gruppenarbeit	– Rollenverteilung (Auftragskarte) (→ S. 34) – Gruselgeschichte (Lesetexte) (→S. 35) – Gruselgeschichte (Regiepläne) (DIN A3) (→ S. 46) – Gruppenfunktionen (→ S. 59)
	Schluss: Je nach verbleibender Zeit können einzelne Regiepläne bereits mit verteilten Rollen vorgelesen werden. **Hausaufgabe:** Lesetext „Stimme macht Stimmung" mit schriftlicher Aufgabe.		– Lesetext (Stimme macht Stimmung) (→S. 60)

 Wenn Ihre Schüler eigenständig einen Text in einen Regieplan umschreiben sollen, nutzen Sie dafür die Regieplan-Blanko-Vorlage (→ S. 58).

Sequenz 4: Sprechen will gelernt sein!	**Einstieg:** Schüler stellen die Ergebnisse ihrer Hausaufgaben vor.	Plenum/Schülermeldungen	– Lesetext (Stimme macht Stimmung) (→S. 60)
	Erarbeitung: Schüler spielen das Sprechspiel (So kannst du mit der Stimme spielen) und arbeiten anhand des Spiels die Kriterien guten Sprechens heraus. **Mithilfe der Lehrkraft erarbeiten die Schüler:** ● Was war beim Sprechen gut und passend? ● Was war eher unpassend? ● Was sollte beim Sprechen eines Hörspiels beachtet werden?	Theaterkreis Schüler-Lehrer-Gespräch	– Sprechspiel (So kannst du mit der Stimme spielen!) (→S. 61) – Kriterien Sprechen (→S. 63)

Thema der Sequenz	Verlauf	Methode/ Sozialform	Material
Sequenz 4: (Fortsetzung)	Die Merkmale guten Sprechens werden von der Lehrkraft an die Tafel oder auf ein Plakat geheftet. **Übung:** Schüler erstellen anhand des Lesetextes eine Mindmap zu den verschiedenen Sprechweisen und tauschen sich somit über verschiedene Adjektive, die Stimmungen beschreiben, aus. **Schluss:** Schüler spielen erneut das Sprechspiel.	Gruppenarbeit Partnerarbeit	— Lesetext (Stimme macht Stimmung) (→ S. 60) — Sprechspiel (So kannst du mit der Stimme spielen!) (→ S. 61)
Sequenz 5: Hörst du, wer da spricht? Wir arbeiten die verschiedenen Sprechweisen in unseren Regieplan ein!	**Einstieg:** Von der Lehrkraft werden Sprechblasen mit den Begriffen „Ah", „Oh" und „Äh" an die Tafel geheftet: Die Schüler benennen ein passendes Adjektiv zur Stimmung. Im Anschluss wird die Folie satzweise präsentiert und gemeinsam artikuliert (einzelne Schüler machen vor, andere machen nach). **Erarbeitung:** Im Plenum wird der Auftrag der anstehenden Gruppenarbeit besprochen und an einem Regieplan exemplarisch gezeigt. In Gruppenarbeit übertragen die Schüler nun verschiedene Sprechweisen in ihren Regieplan. **Schluss:** Gruppen lesen gemeinsam ihren Hörspieltext. **Hausaufgabe:** Die eigene Rolle üben, ggf. auswendig lernen und betont sprechen. Auch der Geräuschemacher muss den Text, für den passenden Einsatz der Geräusche, gut kennen.	Plenum Plenum/Gruppenarbeit	— Sprechblasen (→ S. 66) — Folie: Kennst du diese Stimmung (→ S. 67) — Stimme (Auftragskarte) (→ S. 68) — Gruppenmappen — Regieplan auf Folie

Wenn Sie die Schüler anhand der Gruppenlesetexte eigene Regietexte schreiben lassen möchten, nutzen Sie hierfür die Blanko-Vorlage des Regieplans (→ S. 58).

Geräusche			
Sequenz 6: Den Geräuschen auf der Spur!	**Einstieg (verschiedene Möglichkeiten):** ● Geräuschequiz: Schüler schließen die Augen. Die Lehrkraft macht verschiedene Geräusche, die die Schüler erraten sollen. ● Bild mit einer Gruselszene auf Folie oder Plakat. Schüler benennen Geräusche, die in der Szenerie zu hören sein könnten. ● Ohrenspitzer-Quiz durchführen mithilfe des Computers[2] **Erarbeitung:** Schüler erhalten ihre Geräuscheboxen mit Materialien und entwickeln Geräusche nach Rezept und ohne Rezept. Die Geräusche werden von den Gruppen aufgenommen. („Geräuschebox (für die Lehrkraft)" → S. 70)	Plenum Gruppenarbeit	— ggf. Grusel-Bilder — ggf. Computer — ggf. Internetzugang — Geräuscheboxen (→ S. 71) — Aufnahmegerät mit Abspielfunktion

---

[2] Ein gutes Beispiel dafür finden Sie auf der Internetseite: www.ohrenspitzer.de (unter der Rubrik: „Materialien")

Thema der Sequenz	Verlauf	Methode/ Sozialform	Material
Sequenz 6: (Fortsetzung)	**Schluss:** Schüler nehmen ihre Geräusche auf, präsentieren und reflektieren sie (sind sie laut genug?/sind sie erkennbar?/auf „Band" klingt es anders/ …). **Hausaufgabe:** Klingende „Instrumente" / Materialien für die Geräuscheboxen mitbringen (die zur Gruppe passen).	Plenum	
Sequenz 7: Einmal Geräusche bitte!	**Einstieg:** Auftragskarte für die folgende Gruppenarbeit wird erklärt. **Erarbeitung:** Schüler erarbeiten in ihren Gruppen die Auftragskarte. **Schluss:** Je nach verbleibender Zeit sollen nun einzelne Gruppen eine Szene mit Geräuschen vorstellen. Die Schüler reflektieren die Ergebnisse. Zur Ergebnissicherung entsteht das Plakat „Kriterien Geräusche".	Plenum/Schülerfragen Gruppenarbeit Schülerpräsentationen Plenum	– Geräusche (Auftragskarte) (→S. 72) – Regieplan auf Folie – Geräuscheboxen – Gruppenmappe – Kriterien Geräusche (→S. 73)

Aufnahme

Thema der Sequenz	Verlauf	Methode/ Sozialform	Material
Sequenz 8: Generalprobe – Wir üben für die Aufnahme!	**Einstieg:** Kurze Wiederholung der Kriterien für Sprechen und Geräusche. Schüler stimmen sich mit Aufwärmspiel(en) auf die bevorstehenden Aufnahmen ein. Die Lehrkraft führt Spiel(e) kurz ein. **Erarbeitung:** Schüler spielen ihre Szene nach Anweisung und nehmen ihre Szene auf. Sie reflektieren anschließend in der Gruppe ihre Aufnahme und bewerten sie auf der Auftragskarte. **Schluss:** Nach einem gemeinsamen Anhören der Ergebnisse erfolgt eine Reflexion anhand der Kriterien auf den Plakaten und unterstützenden Wortkarten.	Plenum/Schülermeldungen Plenum Gruppenarbeit Plenum / Schülerreflexionen	– Kriterien (Stimme) – Kriterien (Geräusche) – Übungsheft Sprechen (→S. 75) – Generalprobe (Auftragskarte) (→S. 79) – Geräuscheboxen – Gruppenmappe – Aufnahmegerät mit Abspielfunktion – Reflexionskarten (→S. 80)
Sequenz 9: Achtung Aufnahme! Wir überarbeiten unser Hörspiel und nehmen die Endfassung auf!	In ruhiger Umgebung nehmen die Gruppen ihre Szene auf. Dabei beachten sie die konstruktive Kritik und Reflexionen aus der vorangegangenen Sequenz.		– Aufnahmegerät mit Abspielfunktion – Geräuscheboxen – Gruppenmappe

☞ **An dieser Stelle kann eine Unterrichtseinheit zum Thema „Eine Gruselgeschichte schreiben" angeschlossen werden.**

Thema der Sequenz	Verlauf	Methode/ Sozialform	Material
Sequenz 10: Wir präsentieren unser Hörspiel den anderen Klassen!	Die Schüler präsentieren anderen Klassen ihr Hörspiel und beantworten deren Fragen zur Hörspielproduktion.		

Hörspiel ist nicht gleich Hörspiel!

Wir lernen die Geschichte unseres Hörspiels kennen!

Der Regieplan –
Wer spricht wann was?

Sprechen will gelernt sein!

Hörst du, wer da spricht?
Wir arbeiten verschiedene Sprechweisen in unseren Regieplan ein.

Den Geräuschen auf der Spur!

Einmal Geräusche bitte!

Generalprobe – Wir üben für die Aufnahme!

Achtung Aufnahme!
Wir überarbeiten unser Hörspiel und nehmen die Endfassung auf!

Wir präsentieren unser Hörspiel den anderen Klassen!

Maria Heuermann / Mirja Kekeritz: Hörspiele im Deutschunterricht
© Persen Verlag

 Lies dir den Text durch.

Du hast bestimmt schon viele Geschichten gelesen. Entweder leise für dich oder laut für andere. Bei einem Hörspiel wird auch eine Geschichte erzählt. Es spielen verschiedene Stimmen und Geräusche, Musik und Atmosphäre eine große Rolle.

Geschichten erzählen kann nicht jeder! Natürlich brauchst du zunächst eine Geschichte mit einem Anfang, der neugierig macht, einem spannenden Höhepunkt und einem sinnvollen Schluss. Aber diese Geschichte nur vorzulesen, macht noch kein Hörspiel daraus. Man muss bestimmte Regeln beachten, um die Zuhörer in seinen Bann zu ziehen. Beim Hörspiel versetzen sich die Sprecher in eine Rolle und sprechen so, als wären sie die Person selbst. Wenn die Person lacht, kichert der Sprecher ins Mikrofon. Wenn sie in einer spannenden Szene ängstlich ist, spricht der Sprecher schnell und leise.

Wichtig ist, dass du zwar einfache Wörter wählst, die jeder verstehen kann, aber die Geschichte auch durch verschiedene Wörter abwechslungsreich gestaltest. Wenn du Pausen einplanst, machst du deine Mithörer neugierig. Aber spanne sie nicht zu lange auf die Folter! Lange, komplizierte Sätze und zu viele Pausen lassen deine Zuhörer schnell an etwas anderes denken und sie langweilen sich. Experimentiere mit deiner Stimme: Sprich mal laut, mal leise, mal schnell oder langsam!

Um dich für ein Hörspiel bereitzumachen und dich wie ein Profi zu fühlen, brauchst du eine passende Umgebung. Setze alle deine Gefühle ein, um in deine Rolle zu schlüpfen. Stelle dir vor, wie es dir ergehen würde, wenn du in der Situation deiner Rolle wärst: Wenn ein Wolf auf dich zukommt, atmest du schnell und stößt einen lauten Schrei aus. Bekommst du endlich deinen größten Wunsch erfüllt, klatschst du vor Freude in die Hände und sprichst mit fröhlicher Stimme.

Denke daran: Deine Zuhörer können dich nur hören, nicht sehen! Professionelle Hörspiele werden von Schauspielern in einem Tonstudio eingesprochen. Sie können ihren Text fast auswendig. Häufig bewegen sie sich mit, obwohl sie keiner sieht, damit es sich später echter anhört.

Ein gutes Hörspiel gibt seinen Zuhörern das Gefühl, sie seien bei der Geschichte selbst dabei.

---

 1. Unterstreiche alle Informationen im Text, die etwas darüber sagen, wie ein Erzähler eines Hörbuches sprechen muss, damit die Geschichte interessant und spannend für den Zuhörer wird.

2. Welche dieser Hörspielregeln sind für dich besonders wichtig? Schreibe für dich mindestens **drei Regeln** auf, die du bei unserem Hörspiel besonders beachten willst.

Zum Beispiel:
1. Ich verwende nur Wörter, die für den Zuhörer leicht zu verstehen sind.
2. …
3. …

Wenn Florian gewusst hätte, dass er an diesem Abend nicht mit den anderen Pfadfindern am warmen Lagerfeuer sitzen, sondern allein durch den dunklen, finsteren Wald irren würde, wäre er sicherlich nicht so gut gelaunt mit seiner Pfadfindergruppe auf Schnitzeljagd gegangen. Ausgestattet mit einer Taschenlampe, einem Kompass und einer Karte, wollte seine Gruppe als Erstes am Ziel sein.

Doch dann kam alles anders: Der zehnjährige Florian Bibber war nur kurz stehen geblieben, um in seinem Rucksack nach einer Tafel Schokolade zu suchen. Er wühlte verträumt in seinem Rucksack und merkte nicht, dass seine Gruppe einfach weiterging. Plötzlich war er mitten im Wald allein.

Langsam brach die Dämmerung herein und Florian suchte nach dem Weg zum Pfadfinderlager, doch jeder Baumstamm sah genauso aus wie der andere. Er stieg über Baumstämme, lief über Moosfelder und entlang einiger Ameisenhaufen. Doch Florian Bibber konnte den Weg zurück nicht finden.

„Erst einmal ein Stück Schokolade", dachte sich Florian und griff in seine Jackentasche. Während er seine Leibspeise vernaschte, sah er durch den dichten Wald hindurch in der Ferne einige Lichter aufblitzen! „Wo Lichter sind, sind auch Menschen", dachte sich Florian und marschierte in die Richtung, aus der das schwache, flackernde Licht kam.

Mittlerweile war es bereits dunkel und als Florian der Lichtquelle näher kam fing es auch leicht zu regnen an. Er musste die schweren Tannenäste zur Seite drücken, um zu erkennen, woher das Licht kam. Doch was er dann sah, ließ einen kalten Schauer über Florian Bibbers Rücken laufen: Vor ihm stand ein altes, verwittertes Haus mit zahlreichen Türmen, zugenagelten Fenstern und einer großen, hölzernen Eingangstür. Das Licht, das er von Weitem gesehen hatte, ging von Fackeln aus, die an der Hauswand brannten.

Das Haus war alt und modrig und die Treppe sah so aus, als wäre sie seit mehreren Jahrzehnten nicht mehr betreten worden.

Florian Bibber kramte nervös in seiner Tasche, um sich zur Beruhigung ein Stück Schokolade zu gönnen. Hier sollte er nach Hilfe fragen? In dieser alten, gruseligen Villa? Er schluckte … und ging mit langsamen Schritten auf die Villa zu. Alle Fenster waren vernagelt, nirgends konnte man jemanden sehen oder hören. Doch wer hatte die Fackeln angemacht? Florians älterer Bruder hatte ihm von einem Haus im Wald erzählt, in dem unheimliche Wesen leben sollen und sogar schon Menschen verschwunden waren. Florian nahm seinen ganzen Mut zusammen und klopfte an die Tür. ‚Tock-tock-

tock'. Nachdem Florian angeklopft hatte, öffnete sich die Tür mit einem quietschenden Geräusch einen Spalt. „Ha-ha-hallo? Ist jemand zu Hause?" Florians Stimme klang zittrig und nervös. Langsam stieß er die Tür auf und betrat die große, dunkle Eingangshalle der Villa. In dem schummrigen Licht der Fackeln erkannte er eine große Wendeltreppe in der Halle, die mit zahlreichen Spinnenweben übersät war. Inmitten der alten Eingangshalle hing ein großer Kronleuchter mit brennenden Kerzen herab.

„Haaaaallo? Ist da jemand?" rief Florian Bibber nochmal mit einer kläglichen Stimme. „Sicherlich wohnt hier das unheimliche Wesen", murmelte er leise und ging mit kleinen Schritten in die Halle hinein. Plötzlich spürte er einen kalten Hauch auf seiner Haut, ein leiser Wind pfiff durch das Haus. „Ich brauche Schokolade", dachte sich Florian und wühlte nervös in seiner Jackentasche nach der Tafel. Als er sich gerade ein Stück Schokolade in den Mund schob, hallte ihm ein Kettenrasseln entgegen und das Pfeifen des Windes wurde lauter und kam näher. Florian riss die Augen auf und ließ den Mund vor Schreck offen, als ihm ein leises ‚Buh-hu' entgegenkam.

Mit rasselnden Ketten und einem wehenden Gewand schwebte ein grünlich leuchtendes Gespenst auf Florian zu. Florian blieb mit offenem Mund wie erstarrt stehen. „Buh-hu-buh-hu" rief das Gespenst und glitt auf ihn zu. „Ha-ha-ha, … We-we-we …". Mehr brachte Florian nicht heraus und starrte das Gespenst an, das nun direkt vor ihm stand.

Das Gespenst schaute grimmig und sagte dann mit leiernder Stimme: „Hast du etwa Angst?"

„Mmmh, … Ja, … also nein, … also …", stammelte Florian.

Das Gespenst schaute ihn verwundert an, blickte sich in der Eingangshalle um und schaute wieder fragend auf Florian. „Ich habe mich im Wald verlaufen und finde den Weg nach Hause nicht mehr. Kannst du mir vielleicht helfen?", fragte Florian nervös und kramte in seiner Tasche nach der Schokolade. „Nach Hause? Ich muss dir leider sagen, dass die Eingangstür bei Nacht erst einmal verschlossen bleibt. Morgen früh, wenn es hell wird, kannst du erst wieder dieses Haus verlassen", sagte das Gespenst. „Morgen früh erst", platzte Florian heraus. „Ich halte es in diesem Haus mit den unheimlichen Wesen keine Minute mehr aus." „Unheimliche Wesen?", fragte das Gespenst und schaute sich nervös um. „Hier in diesem Haus?", flüsterte das Gespenst mit einer ängstlichen Stimme.

„Ja, hier in diesem Haus!", nickte Florian Bibber.

Maria Heuermann / Mirja Kekeritz: Hörspiele im Deutschunterricht
© Persen Verlag

„Dann muss ich mich jetzt verabschieden. Ich verstecke mich lieber", sagte das Gespenst schnell und schwebte mit rasselnden Ketten davon.

Florian stand wieder allein in der großen Eingangshalle. Er ging zur Eingangstür zurück, drückte die Klinke herunter und rüttelte an der Tür. Doch die Tür war verschlossen, so wie es das Gespenst gesagt hatte. „So ein Mist", fluchte Florian Bibber. Er schaute sich in der Halle um. „Vielleicht sind im oberen Stockwerk einige offene Fenster, aus denen ich entkommen kann", dachte sich Florian. Er ging also die knarrende Treppe Schritt für Schritt hinauf. Da einige Stufen ziemlich kaputt und alt waren, musste er sehr vorsichtig gehen. „Iiih …" An Florians Händen klebten schleimige, lange Spinnenfäden und auch seine Turnschuhe waren völlig verklebt.

Plötzlich, als er am Ende der Treppe angekommen war, hörte er ein leises, immer näher kommendes Klackern. Dann war eine singende Stimme zu hören: „Ich fang euch alle ein…! Ihr bleibt einfach kleben…! Keiner wird überleben…!" Florian stockte der Atem und er schluckte schwer. Um die Ecke kamen zwei leuchtend rote Augen, die langsam und mit einem klackernden Geräusch auf ihn zukamen. „Wer ist da? Ha-ha-hallo?", stammelte Florian. Im Schein des Kronleuchters konnte er nun eine riesige Spinne erkennen, die so groß wie ein Pferd war. Sie war schwarz und übersät mit dunklen Haaren. Ihre roten Augen fixierten Florian und mit schmatzender Stimme sagte die Spinne: „Nanu? Was haben wir denn da gefangen? Einen kleinen Jungen?"

„Bitte, tu mir nichts", flehte Florian mit weinerlicher Stimme. „Nein, nein. Keine Sorge. Menschen schmecken doch gar nicht. Ich esse viel lieber Fliegen, Libellen und andere Flattertierchen. Eingewickelt mit einigen Fäden – mmh – das schmeckt zu gut!", schwärmte die Spinne und schleckte sich ihr Maul. „Und ich mag auch keine Spinnen, sondern viel lieber Schokolade", sagte Florian erleichtert.

„Schokolade? Also mein Geschmack ist das ja nicht… Aber ihr Menschen habt sowieso einen komischen Geschmack", meinte die Spinne schmatzend und tippelte ein paar Schritte vor und zurück.

„Aber wenn du keine Menschen magst, bist du ja auf keinen Fall das unheimliche Wesen – vielleicht kannst du mir dann ja sagen, wie ich hier wieder heraus komme. Ich möchte nämlich nach Hause", sagte Florian nun wieder mit lauter, fester Stimme. Die Spinne schaute ihn verdutzt an: „Unheimliches Wesen? Hier in diesem Haus?" Nervös krabbelte sie vor und zurück und dabei klackerten ihre dünnen Spinnenbeine auf dem Boden. „Ja, ich habe gehört, dass es hier in diesem Haus … Hey! Stopp! Wo willst

du hin?" Die Spinne lief mit kleinen, schnellen Schritten den Flur hinunter und rief herüber „Ich muss mich schnell in einer Ritze verstecken, unheimliche Wesen, die verstehen keinen Spaß!"

„Aber wie komme ich hier heraus? Du musst mir helfen", rief Florian flehend.

Und bevor die Spinne sich immer kleiner machte, zusammen schrumpelte, um dann in einer Ritze im Gemäuer zu verschwinden, rief sie zu Florian herüber: „Probiere es im Keller. Ich kann dir nicht mehr helfen, ich verstecke mich lieber!"

„Na toll", fluchte Florian und zupfte sich die klebrigen Spinnenfäden vom Turnschuh. „Nun bin ich wieder allein."

Florian Bibber stand also auf dem dunklen Flur und überlegte: „Im Keller? Na ja, vielleicht gibt es dort ein kleines Fenster oder einen zweiten Eingang, aus dem ich entkommen kann!"

Mit knarzenden Schritten ging er wieder vorsichtig die hölzerne Treppe herab. Doch was war das? Die Schnürsenkel seiner Schuhe waren so stark miteinander verklebt, dass er ins Taumeln kam, polternd die Treppen herabstürzte, auf dem Boden angekommen ein paar Meter rutschte und unten mit einem lauten Knall mit einer Ritterrüstung zusammenknallte.

Florian lag am Boden und schnaufte. Plötzlich hob sich mit einem Quietschen die rostige alte Hand der Ritterrüstung, um ihm hochzuhelfen. Zitternd schaute Florian zur Ritterrüstung herauf. „Lass mich bloß in Ruhe", stammelte Florian und krabbelte auf dem Boden ein wenig zurück, weg von der Rüstung. „Ich wollte dir doch nur helfen", sagte eine tiefe, blecherne Stimme. „Schließlich kann man nach so einem spektakulären Fall von der Treppe sicherlich Hilfe gebrauchen, oder?"

„Ja, das kann sein. Aber von einem Ritter?", piepte Florian leise.

„Lord Lancelot von Schlotterstein, bitte.", sagte der Ritter und verbeugte sich quietschend. „Aber was macht eigentlich jemand wie du hier in diesem Haus? Und dann trägst du auch noch diese komische Kleidung? Nicht einmal ein Schwert hast du dabei!"

„Ich habe mich im Wald verlaufen und wollte Hilfe holen. Doch nun komme ich aus der Villa nicht mehr heraus. Die Tür ist verschlossen und ich finde keinen anderen Ausgang.", sagte Florian mit trauriger Stimme, dabei war es so kalt in der Halle, dass sein Atem sichtbar wurde. Er rappelte sich vom Boden auf und klopfte den Staub von seiner Hose.

„Aha, aha! Aber das ist doch sicherlich kein Grund für einen edlen, tapferen jungen Mann wie dich ängstlich zu sein!", meinte der Ritter.

„Also, nein eigentlich nicht, aber in diesem Haus ist es so gruselig, und wenn das unheimliche Wesen kommt, dann …" „Unheimliche Wesen?", unterbrach ihn der Ritter. „Du hast also auch davon gehört? Auch wenn ich, Lord Lancelot von Schlotterstein, sicherlich fast nie Angst habe, geht ein Ritter auch kein unnötiges Risiko ein", meinte der Ritter nervös.

„Was willst du also tun? Vielleicht kannst du mir helfen? Wir könnten zusammen den Ausgang finden?" rief Florian begeistert und ein Funken Hoffnung lag in seiner Stimme.

„Nein, nein, nein", der Ritter schüttelte quietschend seinen Kopf. „Ich werde genau hier stehen bleiben und mich, so wie in den letzten vier Jahrhunderten auch, tot stellen. Dann schöpft niemand Verdacht." Mit einem lauten Knarzen klappte er das Visier seines Helms herunter und der Ritter stand wieder, wie zuvor, stocksteif in der Ecke und regte sich kein Stück.

„Das heißt, du lässt mich hier mit dem unheimlichen Wesen allein?", fragte Florian weinerlich.

Der Ritter antwortete nicht, er rührte sich nicht.

„Hallo? Jetzt antworte mir doch! Ich weiß, dass du mich hörst! Du musst mir helfen", rief Florian wütend. Doch der Ritter bewegte sich nicht mehr.

Florian Bibber hatte Angst, große Angst. Er war erst seit wenigen Minuten in diesem Haus und hatte schon so viele Dinge erlebt, die er sich nicht hätte träumen lassen. Er wühlte wieder in seiner Jackentasche und zog die Schokoladentafel hervor. Dieses Mal brach er sich ein besonders großes Stück ab, schließlich wollte er gleich in den Keller gehen, um dort einen Ausgang zu finden.

Während Florian vor sich hin schmatzte, kam hinter ihm ein Hecheln und Knurren immer näher. Florian spitzte die Ohren. In diesem Moment bemerkte Florian den leuchtenden Vollmond, den er durch ein Loch in der Decke sehen konnte. Er drehte sich langsam um, und vor ihm stand ein Werwolf.

Er schleckte sich mit der Zunge über seine spitzen Zähne und pirschte sich mit aufgestelltem Schweif an Florian heran.

„Platz! Sitz! AUS!", rief Florian mit der lautesten Stimme, die er in diesem Moment zusammennehmen konnte.

„Entschuldigung. Aber in einer Hundeschule war ich nun wirklich nie. Und ein Wolf ist auch kein Hund, und erst recht kein Werwolf", meinte der Wolf mit einer tiefen, rauen Stimme.

„Ach so, Entschuldigung. Ich wusste nicht … also ich wollte nicht …", stammelte Florian nervös.

„Schon gut, kein Problem. Es ist schon vergessen", meinte der Werwolf versöhnlich.

„Kannst du mir vielleicht weiterhelfen? Ich habe mich verlaufen und suche nun einem Weg, um hier wieder herauszukommen. Ich wollte gerade im Keller nach einem Ausgang suchen!", sagte Florian.

„Im Keller?", der Werwolf jaulte, „ich will ja nicht ängstlich erscheinen, schon gerade nicht als Werwolf, aber bist du sicher, dass du im Keller suchen möchtest?", hechelte der Werwolf nervös.

„Ja, im Keller. Wieso? Ist dort etwas? Das unheimliche Wesen vielleicht?", stammelte Florian nervös.

„Du hast also auch schon davon gehört. Das unheimliche Wesen wohnt hier in diesem Haus. Und es sollen sogar schon Menschen verschwunden sein", sagte der Werwolf.

„Hast du das unheimliche Wesen schon einmal gesehen?", fragte Florian verunsichert.

„Nein, zum Glück noch nicht. Aber bei aller Freundschaft, ich kann dich leider nicht begleiten. Dem unheimlichen Wesen möchte ich nämlich lieber nicht begegnen."

„Wirklich nicht? Bitte, ich kann dich auch mit Schokolade bezahlen." Florian hielt ihm die halbe Tafel Schokolade entgegen. „Nein, danke. Wirklich nicht. Aber ich kann dich bis zur Treppe, die zum Keller führt, begleiten. Ab dort musst du allein klarkommen, ich werde mich dann lieber in einem Schrank verstecken, um dem unheimlichen Wesen aus dem Weg zu gehen!" hechelte der Werwolf.

Beide gingen zur Kellertreppe. Dort angekommen, blickte der Werwolf Florian kurz an, jaulte und huschte dann auf leisen Pfoten davon.

Die Stufen, die in den Keller hinabführten, waren verstaubt. Jede Stufe ließ ein Knarren und Quietschen von sich, als Florian Bibber sie vorsichtig hinabging. Der Keller war dunkel. Nirgendwo brannte Licht.

„Ah, ich habe ja eine Taschenlampe dabei", fiel es Florian ein, holte sie hervor und knipste die Lampe an. Florian riss die Augen auf und fing laut und hektisch an zu atmen.

Vor ihm stand ein hölzerner, alter Sarg. Plötzlich schob sich der Deckel des Sarges zur Seite und eine blasse, weiße Hand kam zum Vorschein.

Florian ließ vor Schreck die Taschenlampe zu Boden fallen. Schmatzende Geräusche waren zu hören und die Hand schob den Sarg immer weiter zur Seite. In dem Sarg lag ein Vampir.

Er leckte sich die roten Lippen mit einem schmatzenden Geräusch, schlug die Augen auf und starrte Florian an. Florian schluckte.

„Och, nein! Das kann doch aber wirklich nicht sein", schimpfte der Vampir. „Da steht nun so ein kleiner, süßer Leckerbissen vor mir, und dann habe ich schon zu Abend gegessen. Dass auch immer mir das passieren muss. Nun ja, dein Glück."

Florian brachte kein Wort heraus und war wie gelähmt.

„Gestatten, mein Name ist Graf Faustus Salazar. Und wer bist du, wenn ich fragen darf?" Der Vampir richtete sich in seinem Sarg auf.

„Ich bin Flo-Flo-Florian Bi-Bi-Bibber", stammelte Florian. „Bitte friss mich nicht."

„Nein, keine Angst. Wie gesagt, gegessen habe ich heute schon und mehr als eine Mahlzeit pro Nacht verträgt auch meine Figur nicht.", sagte der Vampir und hüpfte mit einem flatternden Umhang aus seinem Sarg.

„Also bist du das unheimliche Wesen, das Leute verschwinden lässt", fragte Florian sehr vorsichtig und leise.

Der Vampir riss die Augen auf: „Unheimliches Wesen? Ich? Oh, nein! Knoblauchgütiger! Das unheimliche Wesen wohnt oben im Turm. Ich habe schon viel von diesem Wesen gehört, aber ich bin ihm zum Glück noch nie begegnet!" rief der Vampir zischend.

„Oben im Turm? Gibt es denn hier im Keller keinen Ausgang?" „Nein, hier kommst du nicht raus. Bei Nacht kann man nur aus dem Fenster im Turm entkommen, dort hängt eine Strickleiter herab. Aber dort ist auch das unheimliche Wesen!", sagte der Vampir und schmatze aufgeregt. Florian nahm sich ein Stück Schokolade, um seine Nerven zu beruhigen.

„Das heißt, der einzige Weg nach draußen führt nur an dem unheimlichen Wesen vorbei?", stellte Florian fest. „Ja, da hast du wohl leider recht. Ich wünsche dir auf jeden Fall viel Glück!", meinte der Vampir. „Wieso? Kommst du etwa nicht mit mir?", fragte Florian.

„Nein, ich werde mich lieber in meinem Sarg verkriechen. Hier im Keller bin ich sicher", zischte der Vampir und legte sich wieder zurück in seinen Sarg. Während er den Deckel des Sarges zuschob, zischte

er: „Dem unheimlichen Wesen will ich lieber nicht begegnen." Mit einem Poltern schloss sich der Sarg und Florian war wieder allein.

Florian ging also zur Treppe, die in den Turm hinaufführte. Er kramte vor Angst in seiner Jackentasche nach dem letzten Stück Schokolade.

„Florian Bibber, du schaffst das", ermutigte er sich selbst. Mit langsamen Schritten ging er die Treppe hinauf. Doch was war das? Ein leises Kratzen hallte ihm entgegen. „Hu hu", tönte es durch den Turm.

Florian atmete schneller, aber er zwang sich, weiter treppauf zu gehen. Schließlich hatte er keine andere Wahl, wenn er die Villa verlassen wollte.

Das Kratzen wurde immer deutlicher und oben am Treppenende angekommen, zuckte Florian zusammen: Zwei orange leuchtende Augen schauten ihn verschwörend an.

Florian war wie erstarrt und ihm stellten sich die Nackenhaare auf. Die Uhr am Turm schlug zwölfmal. „Es ist Mitternacht: Geisterstunde", flüsterte Florian.

„Bitte tu mir nichts", flüsterte Florian und die Stimme blieb ihm dabei fast im Halse stecken. Die orangefarbenen Augen starrten ihn immer noch an. Florian suchte in seiner Jackentasche nach Schokolade, doch die war leer. „Florian Bibber, reiß dich zusammen", murmelte er, nahm all seinen Mut zusammen, griff zur Taschenlampe und knipste sie an. Erschrocken vom hellen Licht der Taschenlampe, flog mit lauten Flügelschlägen eine Eule aus dem Turmfenster. „Eine Eule? Nur eine Eule?", sagte Florian fassungslos und schaute der Eule hinterher, die in die dunkle Nacht flog. „Ha, ha, ha ... das kann doch nicht wahr sein", lachte Florian und atmete erleichtert aus.

„Werwölfe, Spinnen, Vampire, Ritter und Geister haben also Angst vor einer Eule", scherzte Florian Bibber und kletterte erleichtert die Strickleiter hinab.

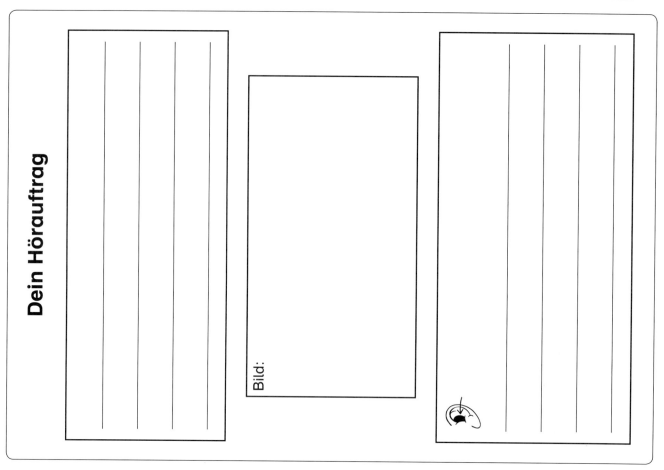

Dein Hörauftrag

Bild:

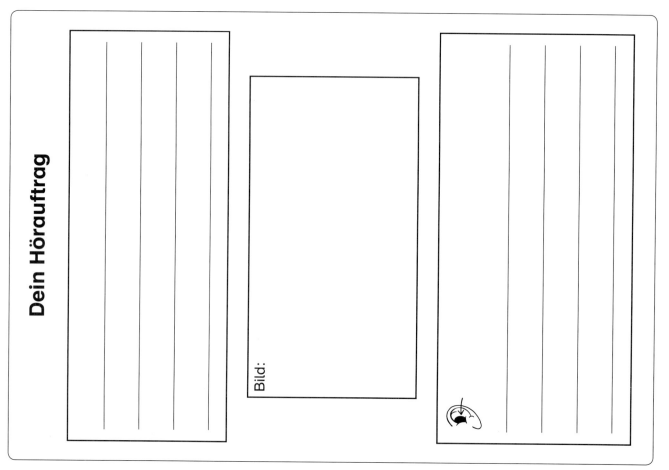

Dein Hörauftrag

Bild:

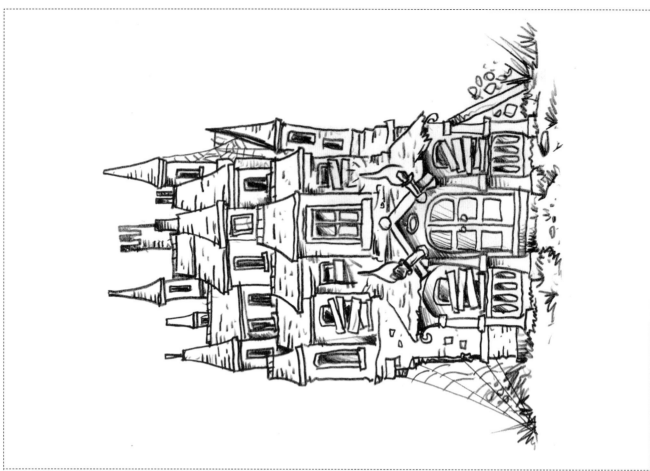

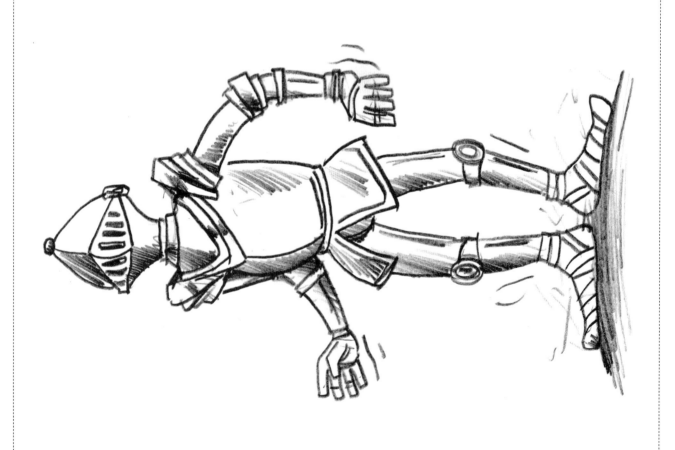

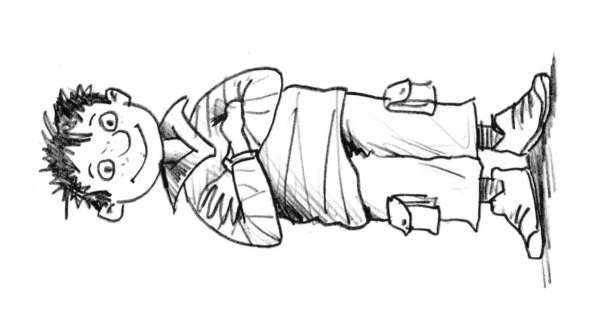

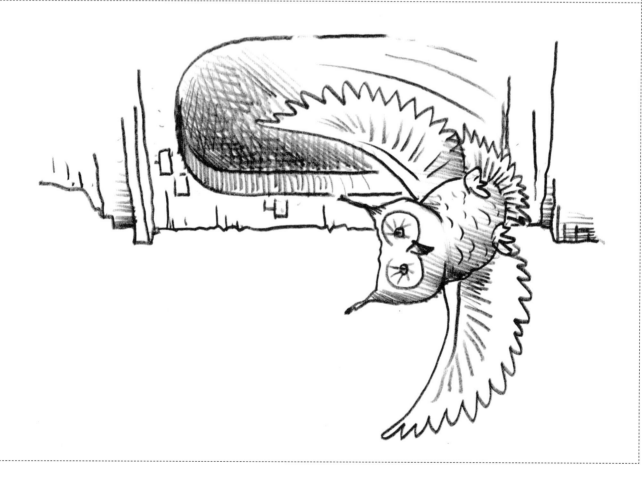

Figuren-Plakat

☑ ☐   ☐   ☐   ☐

1. Einigt euch auf 3 wichtige Informationen über die Figur.

2. Schreibt sie auf das Plakat.

3. Einigt euch auf 3–4 Geräusche, die zur Figur passen.

4. Schreibt sie auf das Plakat.

Figuren-Plakat

☑ ☐   ☐   ☐   ☐

1. Einigt euch auf 3 wichtige Informationen über die Figur.

2. Schreibt sie auf das Plakat.

3. Einigt euch auf 3–4 Geräusche, die zur Figur passen.

4. Schreibt sie auf das Plakat.

Im Folgenden finden Sie Arbeitsmaterialien, die Sie zur Entwicklung einer eigenen Gruselfigur verwenden können.

Florian Bibber trifft dein Gruselwesen!

Die im Folgenden dargestellten Arbeitsmaterialien sollen die Schüler dazu ermutigen, sich mit der Gruselgeschichte rund um Florian Bibber weiter vertiefend auseinanderzusetzen.

Vielleicht entwickeln Sie mit Ihrer Klasse im Verlauf der Unterrichtseinheit die Lust, einmal selbst eine Gruselfigur zu erfinden, um sie in den bestehenden Geschichtsverlauf einzubauen und zum Leben zu erwecken. Abhängig von der zeitlichen Kapazität, dem Leistungsvermögen und der Motivation Ihrer Lerngruppe, bietet es sich an, ein Gruselwesen gemeinsam mit der Klasse zu erfinden.

Will man jedoch jedem Kind entsprechend seiner Kreativität und Begabung im künstlerischen und sprachlichen Bereich gerecht werden, sollte den Schülerinnen und Schülern die Möglichkeit eröffnet werden, ein eigenes Gruselwesen zu gestalten.

Unabhängig davon, für welche Herangehensweise Sie sich entscheiden:
Damit sich das neue Gruselwesen gut in die Geschichte einfügen kann, ist es wichtig, diese Figur richtig kennenzulernen.

Folgende Fragestellungen sollten dabei berücksichtigt werden:

✳ Wie sieht das Gruselwesen aus? (Wortschatzarbeit: Achten Sie auf abwechslungsreiche Adjektive und Ausdrücke!)

✳ Welche Besonderheiten (Sprachfehler, besondere Gangart (z. B. humpeln), nervöses Augenzucken, etc.) hat das Wesen?

✳ Welche merkwürdigen, gruseligen Geräusche macht die Figur? (Sind diese Geräusche von den Geräuschemachern auch gut umzusetzen?)

✳ Welche Kommunikation findet zwischen der Hauptfigur Florian Bibber und dem neuen Wesen statt? (Hier muss ein Dialog geschrieben werden.)

✳ An welcher Stelle bietet es sich an, die eigene Figur in den Text einzubauen?

 Es besteht die Möglichkeit, die Figur des Ritters gegen eine eigene Figur auszutauschen, ohne den Verlauf der Geschichte umschreiben zu müssen.

 Möchten Sie Figuren zu einer eigenen Geschichte oder anderen Textsorte entwickeln, finden Sie entsprechende Materialien auf den folgenden Seiten.

Beantworte die Fragen.
Male ein Bild zu deiner Figur.

Welche Geräusche macht deine Figur, wenn sie sich bewegt?

_____

_____

_____

_____

Wie sieht deine Figur aus?
Beschreibe genau! Verwende abwechslungsreiche Ausdrücke!

_____

_____

_____

_____

Bild:

Wie spricht deine Figur?
Denke dir auch hier etwas Besonderes aus! Probiere selbst, mit deiner Stimme zu experimentieren!

_____

_____

_____

_____

Welche Besonderheit oder Eigenart hat deine Figur?

_____

_____

_____

_____

7. Eigene Figuren entwickeln (Florian Bibber trifft dein Gruselwesen)

 Damit dein Gruselwesen auch in die Geschichte eingebaut werden kann, musst du dir zu den folgenden Fragen Gedanken machen:

1 An welchem Ort in der Gruselvilla trifft Florian Bibber auf dein Gruselwesen?
Beschreibe diesen Ort genau!

_____

_____

_____

_____

2 Florian Bibber spricht in der Geschichte immer mit den Gruselwesen.
Überlege dir ein Gespräch zwischen deinem Gruselwesen und Florian Bibber!

Die folgenden Fragen können wir dabei helfen:
- Was sagt Florian Bibber zu deinem Gruselwesen?
- Was sagt dein Gruselwesen zu Florian?
- Was denkt deine Figur über das unheimliche Wesen, das Florian sucht?
- Wie verabschieden die beiden sich voneinander?

Sprecher	Text

Maria Heuermann / Mirja Kekeritz: Hörspiele im Deutschunterricht
© Persen Verlag

7. Eigene Figuren entwickeln (Regieplan)

3. Jetzt bist du dran!
   Erfinde deine eigene Figur!

   Arbeite nun dein Gespräch in den Regieplan ein.
   Denke an:
   - Was spricht der Erzähler? (Er könnte den Ort beschreiben, an dem sich die Beiden treffen)
   - Wie sprechen die Figuren miteinander?
   - Welche Geräusche machen die Figuren?

Regieplan

_____ : _____

_____ : _____

_____ : _____

Sprecher	Text

☑ ☐ ☐ ☐ ☐ ☐ ☐

Rollenverteilung

1. Verteilt die Rollen in eurer Gruppe.

2. Tragt die Namen oben auf dem Regieplan ein.

3. Jeder markiert sich seinen Text mit einem Buntstift in einer hellen Farbe.

4. Lest einmal zusammen den Text, jeder liest seine Rolle.

→ **Hörauftrag für Geräuschemacher:** Wird deutlich genug gesprochen? Werden genügend Pausen gemacht?

5. Tauscht euch mit dem Geräuschemacher aus.

☑ ☐ ☐ ☐ ☐ ☐ ☐

Rollenverteilung

1. Verteilt die Rollen in eurer Gruppe.

2. Tragt die Namen oben auf dem Regieplan ein.

3. Jeder markiert sich seinen Text mit einem Buntstift in einer hellen Farbe.

4. Lest einmal zusammen den Text, jeder liest seine Rolle.

→ **Hörauftrag für Geräuschemacher:** Wird deutlich genug gesprochen? Werden genügend Pausen gemacht?

5. Tauscht euch mit dem Geräuschemacher aus.

Maria Heuermann / Mirja Kekeritz: Hörspiele im Deutschunterricht
© Persen Verlag

Gruppe 1

Florian Bibber startete gut gelaunt mit seiner Pfadfinder-Gruppe zu
einer Schnitzeljagd im Wald.
Doch dann kam alles anders als gedacht: Er verlor seine Gruppe und
war auf einmal, mitten im Wald, allein.
„Wo sind denn die anderen auf einmal hin?" Florian drehte sich um,
konnte jedoch keine Gruppe entdecken.

Es brach bereits langsam die Dämmerung herein und Florian konnte
den Weg zum Pfadfinderlager nicht finden.
„Erst einmal ein Stück Schokolade", dachte sich Florian und griff in
seine Jackentasche. Während er seine Leibspeise vernaschte, sah er
durch den dichten Wald hindurch in der Ferne einige Lichter
aufblitzen! „Da muss ich hin! Vielleicht kann mir dort jemand helfen!",
dachte sich Florian und marschierte in die Richtung, aus der das schwache, flackernde
Licht kam.

Mittlerweile war es bereits dunkel geworden und es fing auch leicht an zu regnen, als
Florian der Lichtquelle näher kam.
Er musste die schweren Tannenäste zur Seite drücken, um zu erkennen, woher das Licht
kam. Doch was er dann sah, ließ einen kalten Schauer über Florian Bibbers Rücken
laufen: Vor ihm stand ein altes, verwittertes Haus mit zahlreichen Türmen, zugenagelten
Fenstern und einer großen, hölzernen Eingangstür.

Das Licht, das er von Weitem gesehen hatte, ging
von Fackeln aus, die an der Hauswand brannten.
Florian Bibber war nervös. Hier sollte er nach Hilfe
fragen? In dieser alten, gruseligen Villa? Er
schluckte … und ging mit langsamen Schritten auf
die Villa zu.

„Das ist bestimmt das Haus, in dem das
unheimliche Wesen lebt", murmelte Florian.
Florian nahm seinen ganzen Mut zusammen und
klopfte an die Tür. ‚Tock-tock-tock'. Nachdem
Florian angeklopft hatte, öffnete sich die Tür mit
einem quietschenden Geräusch einen Spalt.

(Fortsetzung Gruppe 1)

„Ha-ha-hallo? Ist jemand zu Hause?" Florians Stimme klang zittrig und nervös. Langsam stieß er die Tür auf und betrat die große, dunkle Eingangshalle der Villa. „Oh! Eine Wendeltreppe! Und … alles ist voll mit Spinnenweben!", stellte Florian leise fest.
„Hallo? Ist da jemand?", rief Florian Bibber nochmal mit einer kläglichen Stimme. Florian ging mit kleinen Schritten in die Halle hinein.
Plötzlich spürte er einen kalten Hauch auf seiner Haut, ein leiser Wind pfiff durch das Haus.

Es hallte ihm ein Kettenrasseln entgegen und das Pfeifen des Windes wurde lauter und kam näher. Florian riss die Augen auf und ließ den Mund vor Schreck offen: „Oh nein, was ist das denn?"
Mit rasselnden Ketten und einem wehenden Gewand schwebte ein grünlich leuchtendes Gespenst auf Florian zu. Florian blieb mit offenem Mund wie erstarrt stehen. „Buh-hu-buh-hu", rief das Gespenst und glitt auf ihn zu. „Ha-ha-ha … We-we-we…" Mehr brachte Florian nicht heraus und starrte das Gespenst an, das nun direkt vor ihm stand.

Das Gespenst schaute grimmig und sagte dann mit leiernder Stimme: „Hast du etwa Angst?"
„Mmmh … Ja … also nein …", stammelte Florian.
Das Gespenst schaute ihn verwundert an, blickte sich in der Eingangshalle um und schaute wieder fragend auf Florian. „Ich habe mich im Wald verlaufen, und finde den Weg nach Hause nicht mehr. Kannst du mir vielleicht helfen?", sagte Florian nervös.
„Nach Hause? Ich muss dir leider sagen, dass die Eingangstür bei Nacht erst einmal verschlossen bleibt. Morgen früh, wenn es hell wird, kannst du erst wieder dieses Haus verlassen", sagte das Gespenst.
„Morgen früh erst", platzte Florian heraus. „Ich halte es in diesem Haus mit den unheimlichen Wesen keine Minute mehr aus."
„Unheimliche Wesen?", fragte das Gespenst und schaute sich nervös um. „Hier in diesem Haus?", flüsterte es mit einer ängstlichen Stimme.
„Ja. Hier in diesem Haus!", nickte Florian Bibber.
„Dann muss ich mich jetzt verabschieden. Ich verstecke mich lieber", sagte das Gespenst schnell und schwebte mit rasselnden Ketten davon.

Maria Heuermann / Mirja Kekeritz: Hörspiele im Deutschunterricht
© Persen Verlag

Gruppe 2

Florian stand wieder allein in der großen Eingangshalle.
Er ging zur großen Eingangstür zurück, drückte die Klinke herunter
und rüttelte an der Tür. Doch die Tür war verschlossen, so wie es
das Gespenst gesagt hatte.

„So ein Mist", fluchte Florian Bibber. Er schaute sich in der Halle
um.
„Vielleicht sind im oberen Stockwerk einige offene Fenster, aus
denen ich entkommen kann", dachte sich Florian.
Er ging also die knarrende Treppe Schritt für Schritt hinauf. Da
einige Stufen ziemlich kaputt und alt waren, musste er sehr
vorsichtig gehen.

„Ih …" An Florians Händen klebten schleimige, lange
Spinnenfäden und auch seine Turnschuhe waren völlig verklebt.
Plötzlich, als er am Ende der Treppen angekommen war, hörte er ein leises, immer näher
kommendes Klackern.
Dann war eine singende Stimme zu hören: „Ich fange euch alle ein …! Ihr bleibt einfach
kleben …! Keiner wird überleben …!" Florian stockte der Atem und er schluckte schwer.
Um die Ecke kamen zwei leuchtend rote Augen, die langsam und mit einem klackernden
Geräusch auf ihn zukamen.

„Wer ist da? Ha-ha-hallo?", stammelte Florian.

Im Schein des Kronleuchters konnte Florian
nun eine riesige Spinne erkennen, die so
groß wie ein Pferd war. Sie war schwarz
und übersät mit dunklen Haaren.
Ihre roten Augen fixierten Florian und mit
schmatzender Stimme sagte die Spinne:
„Nanu? Was haben wir denn da gefangen?
Einen kleinen Jungen?"
„Bitte, tu mir nichts", flehte Florian mit
weinerlicher Stimme.
„Nein, nein. Keine Sorge. Menschen
schmecken doch gar nicht. Ich esse viel

(Fortsetzung Gruppe 2)

lieber Fliegen, Libellen und andere Flattertierchen. Eingewickelt mit einigen Fäden –
mmh – das schmeckt zu gut!", schwärmte die Spinne und schleckte sich ihr Maul.
„Und ich mag auch keine Spinnen, sondern viel lieber Schokolade", sagte Florian
erleichtert.

„Schokolade? Also mein Geschmack ist das ja nicht … Aber ihr Menschen habt eh einen
komischen Geschmack", meinte die Spinne schmatzend und tippelte ein paar Schritte vor
und zurück.

„Aber wenn du keine Menschen magst, bist du ja auf keinen Fall das unheimliche Wesen,
vielleicht kannst du mir dann ja sagen, wie ich hier wieder rauskomme. Ich möchte
nämlich wieder nach Hause", sagte Florian nun wieder mit lauter, fester Stimme.
Die Spinne schaute ihn verdutzt an: „Unheimliches Wesen? Hier in diesem Haus?"
Nervös ging sie vor und zurück und dabei klackerten ihre dünnen Spinnenbeine auf dem
Boden.
„Ja, ich habe gehört, dass es hier in diesem Haus …. Hey! Stopp! Wo willst du hin?"
Die Spinne lief mit kleinen, schnellen Schritten den Flur hinunter und rief herüber: „Ich
muss mich schnell in einer Ritze verstecken, unheimliche Wesen, die verstehen keinen
Spaß!"

„Aber wie komme ich hier heraus? Du musst mir helfen", rief Florian flehend.
Und bevor die Spinne sich immer kleiner machte, zusammenschrumpelte, um dann in
einer Ritze im Gemäuer zu verschwinden, rief sie zu Florian herüber:
„Probiere es im Keller. Ich kann dir nicht mehr helfen, ich verstecke mich lieber!"
„Na toll", fluchte Florian und zupfte sich die klebrigen Spinnenfäden vom Turnschuh.
„Nun bin ich wieder allein."

Maria Heuermann/Mirja Kekeritz: Hörspiele im Deutschunterricht
© Persen Verlag

Gruppe 3

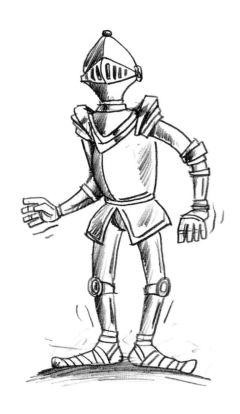

Florian Bibber stand also auf dem dunklen Flur und überlegte: „Im Keller? Na ja, vielleicht gibt es dort ein kleines Fenster oder einen zweiten Eingang, aus dem ich entkommen kann!"

Mit knarzenden Schritten ging er wieder vorsichtig die hölzerne Treppe herab. Doch was war das? Die Schnürsenkel seiner Schuhe waren so miteinander verklebt, dass er ins Taumeln kam, polternd die Treppen herabstürzte, auf dem Boden angekommen ein paar Meter rutschte und unten mit einem lauten Knall mit einer Ritterrüstung zusammenknallte.

Florian lag am Boden und schnaufte. Plötzlich hob sich mit einem Quietschen die rostige alte Hand der Ritterrüstung, um ihm hochzuhelfen. Zitternd schaute Florian zur Ritterrüstung herauf. „Lass mich bloß in Ruhe", stammelte Florian und krabbelte auf dem Boden ein paar Schritte zurück, weg von der Rüstung.

„Ich wollte dir doch nur helfen", sagte eine tiefe, blecherne Stimme. „Schließlich kann man nach so einem spektakulären Fall von der Treppe sicherlich Hilfe gebrauchen, oder?"

„Ja, das kann sein. Aber von einem Ritter?", piepte Florian leise.

„Lord Lancelot von Schlotterstein, bitte", sagte der Ritter und verbeugte sich quietschend. „Aber was macht eigentlich jemand wie du hier in diesem Haus? Und dann trägst du auch noch diese komische Kleidung? Nicht einmal ein Schwert hast du dabei!"

„Ich habe mich im Wald verlaufen, und wollte hier Hilfe holen. Doch nun komme ich nicht mehr aus der Villa heraus. Die Tür ist verschlossen und ich finde keinen anderen Ausgang", sagte Florian mit trauriger Stimme, dabei war es so kalt in der Halle, dass sein Atem sichtbar wurde. Er rappelte sich vom Boden auf und klopfte den Staub von seiner Hose.

„Aha, aha! Aber das ist doch sicherlich kein Grund für einen edlen, tapferen jungen Mann wie dich, ängstlich zu sein!", meinte der Ritter.

(Fortsetzung Gruppe 3)

„Also, nein eigentlich nicht, aber in diesem Haus ist es so gruselig und wenn das unheimliche Wesen kommt, dann …" „Unheimliches Wesen?", unterbrach ihn der Ritter. „Du hast also auch davon gehört? Auch wenn ich, Lord Lancelot von Schlotterstein, sicherlich fast nie Angst habe, geht ein Ritter auch kein unnötiges Risiko ein", meinte der Ritter nervös.

„Was willst du also tun? Vielleicht kannst du mir helfen? Wir könnten zusammen den Ausgang finden?", rief Florian begeistert und ein Funken Hoffnung lag in seiner Stimme. „Nein, nein, nein", der Ritter schüttelte quietschend seinen Kopf. „Ich werde genau hier stehen bleiben und mich, so wie in den letzten vier Jahrhundert auch, tot stellen. Dann schöpft niemand Verdacht."
Mit einem lauten Knarzen klappte er das Visier seines Helms herunter und der Ritter stand wieder, wie zuvor, stocksteif in der Ecke und regte sich kein Stück.

„Das heißt, du lässt mich hier mit dem unheimlichen Wesen allein?", sagte Florian weinerlich.
Der Ritter antwortete nicht, er rührte sich nicht. „Hallo? Jetzt antworte mir doch! Ich weiß, dass du mich hörst! Du musst mir helfen", rief Florian wütend.
Doch der Ritter bewegte sich nicht mehr.

Maria Heuermann / Mirja Kekeritz: Hörspiele im Deutschunterricht
© Persen Verlag

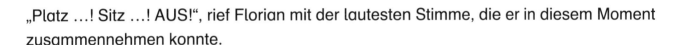

Florian Bibber hatte Angst, große Angst. Er war erst seit wenigen Minuten in diesem Haus und hatte schon so viele Sachen erlebt, die er sich nicht hätte träumen lassen.
Er wühlte wieder in seiner Jackentasche und zog die Schokoladentafel hervor. Diesmal brach er sich ein besonders großes Stück ab, schließlich wollte er gleich in den Keller gehen, um dort einen Ausgang zu finden.

Während Florian vor sich hin schmatzte, kam hinter ihm ein Hecheln und Knurren immer näher. Florian spitzte die Ohren. In diesem Moment bemerkte Florian den leuchtenden Vollmond, den er durch ein Loch in der Decke sehen konnte. Er drehte sich langsam um, und vor ihm stand ein Werwolf.
Er schleckte sich mit der Zunge über seine spitzen Zähne und pirschte sich mit aufgestelltem Schweif an Florian heran.

„Platz …! Sitz …! AUS!", rief Florian mit der lautesten Stimme, die er in diesem Moment zusammennehmen konnte.

„Entschuldigung. Aber in einer Hundeschule war ich nun wirklich nie. Und ein Wolf ist auch kein Hund, und erst recht kein Werwolf", meinte der Hund mit einer tiefen, rauen Stimme.

„Ach so, Entschuldigung. Ich wusste nicht … also ich wollte nicht …" stammelte Florian nervös.
„Schon gut, kein Problem. Es ist schon vergessen", meinte der Werwolf versöhnlich.

„Kannst du mir vielleicht weiterhelfen? Ich habe mich verlaufen und suche nun einem Weg, um hier wieder herauszukommen. Ich wollte gerade im Keller nach einem Ausgang suchen!" meinte Florian.

„Im Keller?", der Werwolf jaulte, „ich will ja nicht ängstlich erscheinen, schon gerade nicht als Werwolf, aber bist du sicher, dass du im Keller suchen möchtest?" hechelte der Werwolf nervös. „Ja, im

(Fortsetzung Gruppe 4)

Keller. Wieso? Ist dort etwas? Das unheimliche Wesen vielleicht?", stammelte Florian nervös.

„Du hast also auch schon davon gehört. Das unheimliche Wesen wohnt hier in diesem Haus. Und es sollen sogar schon Menschen verschwunden sein", sagte der Werwolf.

„Hast du das unheimliche Wesen schon einmal gesehen?", fragte Florian verunsichert.
„Nein, zum Glück noch nicht. Aber bei aller Freundschaft, ich kann dich leider nicht begleiten. Dem unheimlichen Wesen möchte ich nämlich lieber nicht begegnen."
„Wirklich nicht? Bitte, ich kann dich auch mit Schokolade bezahlen?" Florian hielt ihm die halbe Tafel Schokolade entgegen.

„Nein, danke. Wirklich nicht. Aber ich kann dich bis zur Treppe, die zum Keller führt, begleiten. Ab dort musst du allein klarkommen, ich werde mich dann lieber in einem Schrank verstecken, um dem unheimlichen Wesen aus dem Weg zu gehen!" hechelte der Werwolf.

Beide gingen zur Kellertreppe. Dort angekommen, blickte der Werwolf Florian kurz an, jaulte und huschte dann auf leisen Pfoten davon.

Maria Heuermann / Mirja Kekeritz: Hörspiele im Deutschunterricht
© Persen Verlag

Gruppe 5

Die Stufen, die in den Keller hinabführten, waren verstaubt. Jede Stufe ließ ein Knarren und Quietschen von sich, als Florian Bibber die Stufen vorsichtig hinabstieg. Der Keller war dunkel. Nirgendwo brannte Licht.

„Ah, ich habe ja eine Taschenlampe dabei", fiel es Florian ein, holte sie hervor und knipste die Lampe an.

Florian riss die Augen auf und fing an laut und hektisch zu atmen. Vor ihm stand ein hölzerner, alter Sarg.
Plötzlich schob sich der Deckel des Sarges zur Seite und eine blasse, weiße Hand kam zum Vorschein. Florian ließ vor Schreck die Taschenlampe zu Boden fallen. Schmatzende Geräusche waren zu hören und die Hand schob den Sarg immer weiter zur Seite. In dem Sarg lag ein Vampir.

Er leckte sich die roten Lippen mit einem schmatzenden Geräusch, schlug die Augen auf und starrte Florian an. Florian schluckte.

„Och, nein! Das kann doch aber wirklich nicht sein", schimpfte der Vampir. „Da steht nun so ein kleiner, süßer Leckerbissen vor mir, und dann hat man schon zu Abend gegessen. Dass auch immer mir das passieren muss. Nun ja, dein Glück."

Florian brachte kein Wort heraus und war wie gelähmt. „Gestatten, mein Name ist Graf Faustus Salazar. Und wer bist du, wenn ich fragen darf?" Der Vampir richtete sich in seinem Sarg auf.

„Ich bin Flo-Flo-Florian Bi-Bi-Bibber", stammelte Florian. „Bitte friss mich nicht!" „Nein, keine Angst. Wie gesagt, gegessen habe ich heute schon und mehr als eine Mahlzeit pro Nacht verträgt auch meine Figur nicht.", sagte der Vampir und hüpfte mit einem flatternden Umhang aus seinem Sarg.

„Also bist du das unheimliche Wesen, das Leute verschwinden lässt", fragte Florian sehr vorsichtig und leise.

Der Vampir riss die Augen auf: „Unheimliches Wesen? Ich? Oh, nein! Knoblauchgütiger! Das unheimliche Wesen wohnt oben im Turm. Ich habe schon viel von diesem Wesen gehört, aber ich bin ihm zum Glück noch nie begegnet!" rief der Vampir zischend.

„Oben im Turm? Gibt es denn hier im Keller keinen Ausgang?"

„Nein, hier kommst du nicht raus. Bei Nacht kann man nur aus dem Fenster im Turm entkommen, dort hängt eine Strickleiter herab. Aber dort ist auch das unheimliche Wesen!", sagte der Vampir und schmatzte aufgeregt.

Florian nahm sich ein Stück Schokolade, um seine Nerven zu beruhigen.
„Das heißt, der einzige Weg nach draußen führt nur an dem unheimlichen Wesen vorbei?", stellte Florian fest.
„Ja, da hast du wohl leider recht. Ich wünsche dir auf jeden Fall viel Glück!" meinte der Vampir.

„Wieso? Kommst du etwa nicht mit mir?", fragte Florian.

„Nein, ich werde mich lieber in meinem Sarg verkriechen, hier im Keller bin ich sicher", zischte der Vampir und legte sich wieder in seinen Sarg.
Während er den Deckel des Sarges zuschob, zischte er: „Dem unheimlichen Wesen will ich lieber nicht begegnen." Mit einem Poltern schloss sich der Sarg und Florian war wieder allein.

Maria Heuermann / Mirja Kekeritz: Hörspiele im Deutschunterricht
© Persen Verlag

Gruppe 6

Florian ging also zur Treppe, die in den Turm hinaufführte.

Er kramte in seiner Jackentasche nach dem letzten Stück Schokolade.

„Florian Bibber, du schaffst das", ermutigte er sich selbst.

Mit langsamen Schritten ging er die Treppe hinauf. Doch was war das?

Ein leises Kratzen hallte ihm entgegen.

„Hu hu", tönte es durch den Turm.

Florian atmete schneller, aber er zwang sich, weiter treppauf zu gehen. Schließlich hatte er keine andere Wahl, wenn er die Villa verlassen wollte.

Das Kratzen wurde immer deutlicher und oben am Treppenende angekommen, zuckte Florian zusammen: Zwei orange leuchtende Augen schauten ihn verschwörend an.

Florian war wie erstarrt und ihm stellten sich die Nackenhaare auf.
Die Uhr am Turm schlug zwölfmal. „Es ist Mitternacht: Geisterstunde", flüsterte Florian.
„Bitte tu mir nichts!", flüsterte Florian und die Stimme blieb
ihm dabei fast im Halse stecken. Die orangefarbenen
Augen starrten ihn immer noch an.

Florian suchte in seiner Jackentasche nach Schokolade,
doch die war leer.
„Florian Bibber, reiß dich zusammen", murmelte er, nahm
all seinen Mut zusammen, griff zur Taschenlampe und
knipste sie an.

Erschrocken vom hellen Licht der Taschenlampe flog mit
lauten Flügelschlägen eine Eule aus dem Turmfenster.
„Eine Eule? Nur eine Eule?", sagte Florian fassungslos
und schaute der Eule hinterher, die in die dunkle Nacht
flog.
„Ha, ha, ha… das kann doch nicht wahr sein", lachte Florian und atmete erleichtert aus.
„Werwölfe, Spinnen, Vampire, Ritter und Geister haben also Angst vor einer Eule",
scherzte Florian Bibber und kletterte erleichtert die Strickleiter hinab.

Name: _____

Erzähler: _____   Florian Bibber: _____

Gespenst: _____   Geräuschemacher: _____

Sprecher	Text	Geräusche
Erzähler _____ _____	An diesem Tag startete Florian Bibber gut gelaunt mit seiner Pfadfinder-Gruppe zu einer Schnitzeljagd im Wald. Doch dann kam alles anders: Er verlor seine Gruppe und war auf einmal, mitten im Wald, allein.	
Florian _____	Wo sind denn die anderen auf einmal hin?	
Erzähler _____	Es brach bereits langsam die Dämmerung herein und Florian konnte den Weg zum Pfadfinderlager nicht finden.	
Florian _____	Erst einmal ein Stück Schokolade, zur Beruhigung.	
Erzähler _____	Dann sah er durch den dichten Wald in der Ferne einige Lichter aufblitzen!	
Florian _____	Da muss ich hin! Vielleicht kann mir dort jemand helfen!	
Erzähler _____	Während Florian der Lichtquelle näher kam, fing es leicht an zu regnen. Doch was er sah, ließ einen kalten Schauer über seinen Rücken laufen: Vor ihm stand eine alte Villa mit zugenagelten Fenstern und einer großen Eingangstür.	
Florian _____ _____	Hier soll ich nach Hilfe fragen? Das ist bestimmt das Haus, in dem das unheimliche Wesen lebt.	
Erzähler _____	Florian klopfte an die Tür. Dabei öffnete sich die Tür einen Spalt.	
Florian _____	Ha-ha-hallo? Ist jemand zu Hause?	
Erzähler _____	Langsam betrat er die dunkle Eingangshalle.	
Florian _____ _____	Oh! Eine Wendeltreppe! Und … alles ist voll mit Spinnenweben! Hallo? Ist da jemand?	
Erzähler _____ _____	Florian ging in die Halle hinein. Plötzlich spürte er einen kalten Hauch auf seiner Haut.	

Maria Heuermann / Mirja Kekeritz: Hörspiele im Deutschunterricht
© Persen Verlag

10. Gruselgeschichte – Regieplan Guppe 1

Sprecher	Text	Geräusche
Florian	Oh nein, was ist das denn?	
Gespenst	Buh-hu! Buh-hu!	
Erzähler	Ein Gespenst schwebte auf Florian zu.	
Gespenst	Buh-hu! Buh-hu!	
Florian	Ha-ha-ha … We-we-we …	
Gespenst	Hast du etwa Angst? Du schaust so ängstlich aus?	
Florian	Mmmh …. Ja … also nein …	
Erzähler	Das Gespenst schaute ihn fragend an und blickte sich in der Eingangshalle um.	
Florian	Ich hab mich im Wald verlaufen und finde den Weg nach Hause nicht mehr. Kannst du mir vielleicht helfen?	
Gespenst	Nach Hause? Ich muss dir leider sagen, dass die Eingangstür bei Nacht erst einmal verschlossen bleibt. Morgen früh, wenn es hell wird, kannst du dieses Haus erst wieder verlassen.	
Florian	Morgen früh erst? Ich halte es in diesem Haus mit dem unheimlichen Wesen keine Minute mehr aus.	
Gespenst	Unheimliches Wesen?	
Erzähler	Das Gespenst schaute sich nervös um.	
Gespenst	Hier in diesem Haus?	
Florian	Ja. Hier in diesem Haus.	
Gespenst	Dann muss ich mich jetzt verabschieden. Also ich verstecke mich lieber. Unheimliches Wesen, nein danke.	
Erzähler	Und eilig schwebte das Gespenst davon.	

Name: _____

Erzähler: _____   Florian Bibber: _____

Spinne: _____   Geräuschemacher: _____

Sprecher	Text	Geräusche
Erzähler _____ _____	Nun stand Florian wieder allein in der großen Eingangshalle. Er ging zur großen Eingangstür zurück und drückte die Klinke herunter. Doch die Tür war verschlossen, so wie es das Gespenst gesagt hatte.	
Florian _____ _____	So ein Mist! Vielleicht sind im oberen Stockwerk einige Fenster offen, aus denen ich entkommen kann.	
Erzähler _____	Er ging also die knarrende Treppe Schritt für Schritt vorsichtig hinauf.	
Florian _____	Ih … Was ist das denn an meinen Händen? Und an meinen Schuhen ist es auch.	
Erzähler _____ _____	Überall klebten lange, schleimige Spinnenfäden. Plötzlich, als er am Ende der Treppe angekommen war, hörte er ein leises, immer näher kommendes Klackern. Dann war eine singende Stimme zu hören.	
Spinne _____	Ich fang euch alle ein …! Ihr bleibt einfach kleben …! Keiner wird überleben …	
Erzähler _____	Florian stockte der Atem: Um die Ecke kamen zwei leuchtend rote Augen, die langsam und mit einem klackernden Geräusch auf ihn zukamen.	
Florian _____	Wer ist da? Ha-ha-hallo?	
Erzähler _____	Im Schein des Kronleuchters konnte Florian nun eine riesige Spinne erkennen. Sie war schwarz und übersät mit dunklen Haaren.	
Spinne _____	Nanu? Was haben wir denn da gefangen? Einen kleinen Jungen?	
Florian _____	Bitte, tu mir nichts!	

Maria Heuermann / Mirja Kekeritz: Hörspiele im Deutschunterricht
© Persen Verlag

Sprecher	Text	Geräusche
Spinne	Nein, nein. Keine Sorge. Ich esse viel lieber Fliegen, Libellen und andere Flattertierchen. Eingewickelt mit einigen Fäden – mmh – das schmeckt zu gut!	
Florian	Und ich mag auch keine Spinnen, sondern viel lieber Schokolade!	
Spinne	Schokolade? Also mein Geschmack ist das ja nicht … Aber ihr Menschen habt eh einen komischen Geschmack!	
Erzähler	Die Spinne schmatzte und tippelte ein paar Schritte vor und zurück.	
Florian	Aber wenn du keine Menschen magst, bist du ja auf keinen Fall das unheimliche Wesen! Aber vielleicht kannst du mir sagen, wie ich hier wieder herauskomme?	
Erzähler	Die Spinne schaute ihn verdutzt an.	
Spinne	Unheimliches Wesen? Hier in diesem Haus?	
Erzähler	Nervös ging die Spinne vor und zurück.	
Florian	Ja, ich habe gehört, dass es hier in diesem Haus … Hey! Stopp! Wo willst du hin?	
Erzähler	Die Spinne lief den Flur hinunter und rief herüber:	
Spinne	Ich muss mich schnell in einer Ritze verstecken, unheimliche Wesen, die verstehen keinen Spaß!	
Florian	Aber wie komme ich hier heraus? Du musst mir helfen!	
Spinne	Probiere es im Keller. Ich kann dir nicht mehr helfen, ich verstecke mich lieber!	
Erzähler	Die Spinne wurde immer kleiner, schrumpelte zusammen, um dann in einer Ritze im Gemäuer zu verschwinden.	
Florian	Na toll! Nun bin ich wieder allein!	

Name: _____

| Erzähler: _____ | Florian Bibber: _____ |
| Ritter: _____ | Geräuschemacher: _____ |

Sprecher	Text	Geräusche
Erzähler	Florian Bibber stand also auf dem dunklen Flur.	
Florian	Im Keller? Na ja, vielleicht gibt es dort ein kleines Fenster oder einen zweiten Eingang, aus dem ich entkommen kann!	
Erzähler	Also ging er wieder vorsichtig die hölzerne Treppe herab.	
Florian	Oh nein!	
Erzähler	Die Schnürsenkel seiner Schuhe waren miteinander so verklebt, dass er ins Taumeln kam, die Treppe herabstürzte, auf dem Boden angekommen ein paar Meter rutschte und unten mit einer Ritterrüstung zusammenknallte.	
Florian	Aua!	
Erzähler	Plötzlich hob sich die rostige alte Hand der Ritterrüstung, um ihm hochzuhelfen. Langsam schaute Florian an der Ritterrüstung herauf.	
Florian	Lass mich bloß in Ruhe!	
Ritter	Ich wollte dir doch nur helfen! Schließlich kann man nach so einem spektakulären Fall von der Treppe sicherlich Hilfe gebrauchen, oder?	
Florian	Ja, das kann sein. Aber von einem Ritter?	
Ritter	Lord Lancelot von Schlotterstein, bitte.	
Erzähler	Der Ritter verbeugte sich.	
Ritter	Aber was macht eigentlich jemand wie du hier in diesem Haus? Und dann trägst du auch noch diese komische Kleidung? Nicht einmal ein Schwert hast du dabei!	

Maria Heuermann / Mirja Kekeritz: Hörspiele im Deutschunterricht
© Persen Verlag

Sprecher	Text	Geräusche
Florian	Ich habe mich im Wald verlaufen und wollte hier Hilfe holen. Doch nun komme ich nicht mehr aus der Villa heraus, die Tür ist verschlossen und ich finde keinen anderen Ausgang.	
Erzähler	Florians Atem beschlug, so kalt war es in der Halle. Dann rappelte er sich vom Boden auf und klopfte den Staub von seiner Hose.	
Ritter	Aha, aha! Aber das ist doch sicherlich kein Grund für einen edlen, tapferen jungen Mann wie dich ängstlich zu sein!	
Florian	Also, nein eigentlich nicht, aber in diesem Haus ist es so gruselig und wenn das unheimliche Wesen kommt, dann …	
Ritter	Unheimliches Wesen? Du hast also auch davon gehört? Auch wenn ich, Lord Lancelot von Schlotterstein, sicherlich fast nie Angst habe, geht ein Ritter auch kein unnötiges Risiko ein!	
Florian	Was willst du also tun? Vielleicht kannst du mir helfen? Wir könnten zusammen den Ausgang finden?	
Erzähler	Der Ritter schüttelte seinen Kopf.	
Ritter	Nein, nein, nein! Ich werde genau hier stehen bleiben und mich, so wie in den letzten vier Jahrhunderten auch, tot stellen. Dann schöpft niemand Verdacht.	
Erzähler	Er klappte das Visier seines Helms herunter und stand wieder, wie zuvor, stocksteif in der Ecke und regte sich kein Stück.	
Florian	Das heißt, du lässt mich hier mit dem unheimlichen Wesen allein?	
Erzähler	Der Ritter antwortete nicht, er rührte sich nicht.	
Florian	Hallo? Jetzt antworte mir doch? Ich weiß dass du mich hörst! Du musst mir helfen!	
Erzähler	Doch der Ritter bewegte sich nicht.	

Name: _____

Erzähler: _____ Florian Bibber: _____

Werwolf: _____ Geräuschemacher: _____

Sprecher	Text	Geräusche
Erzähler	Florian Bibber hatte Angst, große Angst. Er wühlte wieder in seiner Jackentasche und zog die Schokoladentafel hervor, schließlich wollte er doch gleich in den Keller gehen, um dort einen Ausgang zu finden.	
Florian	Mmh, Schokolade – das beruhigt die Nerven. Doch, was ist das?	
Erzähler	Florian spitzte die Ohren. Was war das hinter ihm?	
Florian	Und oh! Oh Nein! Es ist ja Vollmond heute Nacht!	
Erzähler	Florian drehte sich langsam um, und vor ihm stand ein Werwolf! Langsam pirschte sich der Werwolf mit aufgestelltem Schweif heran.	
Florian	Platz, äääh …. Sitz, … äh AUS!	
Werwolf	Entschuldigung. Aber in einer Hundeschule war ich nun wirklich nie. Und sowieso: Ein Hund ist nicht ein Wolf, und erst recht kein Werwolf!	
Florian	Achso, Entschuldigung. Ich wusste nicht … also ich wollte nicht …	
Werwolf	Schon gut, null Problemo. Schon vergessen!	
Erzähler	Der Werwolf setzte sich vor Florian hin.	
Florian	Kannst du mir vielleicht weiterhelfen? Ich suche einen Weg, um hier wieder herauszukommen. Ich will nun im Keller nach einem Ausgang suchen!	

Maria Heuermann/Mirja Kekeritz: Hörspiele im Deutschunterricht
© Persen Verlag

Sprecher	Text	Geräusche
Werwolf	Im Keller? Ich will ja nicht ängstlich erscheinen, schon gerade nicht als Werwolf, aber im Keller willst du suchen?	
Erzähler	Der Werwolf wurde nervös.	
Florian	Ja, im Keller. Wieso? Ist dort vielleicht das unheimliche Wesen?	
Werwolf	Du hast also auch schon davon gehört. Das unheimliche Wesen wohnt hier in diesem Haus. Und es soll schon manch einer verschwunden sein.	
Florian	E-E-Echt?	
Werwolf	Ja, echt. Also bei aller Freundschaft – ich kann dich leider nicht begleiten. Dem unheimlichen Wesen will ich nämlich lieber nicht begegnen!	
Florian	Wirklich nicht – bitte! Ich kann dich auch mit Schokolade bezahlen!	
Erzähler	Florian hielt ihm die halbe Tafel Schokolade entgegen.	
Werwolf	Nein, danke. Wirklich nicht. Aber ich kann dich bis zur Treppe zum Keller begleiten. Ab dort musst du alleine klarkommen. Ich werde mich dann lieber in einem Schrank verstecken, um dem unheimlichen Wesen aus dem Weg zu gehen!	
Erzähler	Beide gingen zur Kellertreppe. Dort angekommen, blickte der Werwolf Florian kurz an und huschte davon.	

Name: _____

Erzähler: _____	Florian Bibber: _____
Vampir: _____	Geräuschemacher: _____

Sprecher	Text	Geräusche
Erzähler	Die Stufen, die in den Keller hinabführten, waren verstaubt. Florian Bibber ging vorsichtig in den dunklen Keller hinab.	
Florian	Ah … ich habe ja eine Taschenlampe dabei!	
Erzähler	Florian riss die Augen auf! Vor ihm stand ein alter, hölzerner Sarg. Plötzlich schob sich der Deckel des Sarges zur Seite und eine blasse, weiße Hand kam zum Vorschein. Florian ließ vor Schreck die Taschenlampe fallen.	
Vampir	Schmatz, schmatz …	
Erzähler	In dem Sarg lag ein Vampir! Er schlug die Augen auf und starrte Florian an.	
Vampir	Och, nein – das kann doch aber wirklich nicht sein! Da steht nun so ein kleiner, süßer Leckerbissen vor einem, und dann hat man schon zu Abend gegessen. Dass auch immer mir das passieren muss! Nun ja, dein Glück.	
Erzähler	Florian brachte kein Wort heraus und war wie gelähmt.	
Vampir	Gestatten, mein Name ist Graf Faustus Salazar und wer bist eigentlich du, wenn ich fragen darf?	
Erzähler	Ich bin Flo-Flo-Florian Bi-Bi-Bibber! Bitte friss mich nicht.	
Vampir	Nein, nein – keine Angst. Mehr als eine Mahlzeit pro Nacht verträgt meine Figur nicht!	
Erzähler	Der Vampir hüpfte aus seinem Sarg.	

Maria Heuermann / Mirja Kekeritz: Hörspiele im Deutschunterricht
© Persen Verlag

Sprecher	Text	Geräusche
Florian	Also bist du das unheimliche Wesen, das Leute verschwinden lässt?	
Vampir	Unheimliches Wesen? Ich? Oh, nein! Knoblauchgütiger! Das unheimliche Wesen wohnt oben im Turm. Zum Glück bin ich ihm noch nie begegnet!	
Florian	Oben im Turm? Ist denn hier im Keller kein Ausgang nach draußen?	
Vampir	Nein, hier kommst du nicht raus. Sowieso kann man bei Nacht nur aus dem Fenster im Turm entkommen, dort hängt eine Strickleiter herab. Aber dort ist auch das unheimliche Wesen!	
Erzähler	Florian nahm sich ein Stück Schokolade, um seine Nerven zu beruhigen.	
Florian	Das heißt, der einzige Weg nach draußen führt nur an dem unheimlichen Wesen vorbei?	
Vampir	Und ich werde mich lieber in meinem Sarg verkriechen, hier im Keller bin ich sicher.	
Florian	Wieso? Kommst du etwa nicht mit mir?	
Erzähler	Der Vampir legte sich wieder in seinen Sarg und schob den Deckel des Sarges zu.	
Vampir	Dem unheimlichen Wesen will ich lieber nicht begegnen.	
Erzähler	Der Sarg schloss sich und Florian war wieder alleine.	

Name: _____

Erzähler: _____	Florian Bibber: _____
Eule: _____	Geräuschemacher: _____

Sprecher	Text	Geräusche
Erzähler _____	Florian ging also zur Treppe, die in den Turm hinaufführte. Er kramte in seiner Jackentasche nach dem letzten Stück Schokolade.	
Florian _____	Florian Bibber, du schaffst das!	
Erzähler _____ _____	Langsam ging er die Treppe hinauf. Doch was war das? Ein leises Kratzen hallte ihm entgegen.	
Eule _____	Hu hu!	
Erzähler _____	Florian ging weiter treppauf. Schließlich hatte er keine andere Wahl.	
Eule _____	Hu hu!	
Erzähler _____	Florian stockte der Atem: Um die Ecke kamen zwei leuchtend rote Augen. Langsam kamen sie auf ihn zu.	
Florian _____	Wer ist da? Ha-ha-hallo?	
Erzähler _____ _____	Das Kratzen wurde immer deutlicher und oben am Treppenende angekommen, zuckte Florian zusammen: Zwei orange leuchtende Augen schauten ihn verschwörerisch an.	
Florian _____ _____	Das unheimliche Wesen, oh nein! Es ist Mitternacht – Geisterstunde!	

Maria Heuermann / Mirja Kekeritz: Hörspiele im Deutschunterricht
© Persen Verlag

Sprecher	Text	Geräusche
Erzähler	Florian war wie erstarrt.	
Florian	Bitte tu mir nichts …!	
Erzähler	Die orangfarbenen Augen starrten ihn immer noch an. Und das unheimliche Wesen kratzte an der Turmmauer.	
Florian	Es schärft seine Krallen, um mich dann gleich zu fressen …! So ein Mist, keine Schokolade! … Florian Bibber, reiß dich zusammen!	
Erzähler	Er nahm also all seinen Mut zusammen und griff zur Taschenlampe, knipste sie an. Erschrocken vom hellen Licht der Taschenlampe, flog mit lauten Flügelschlägen eine Eule aus dem Turmfenster!	
Florian	Eine Eule? Nur eine Eule?	
Erzähler	Florian war fassungslos und schaute der Eule hinterher, die in die dunkle Nacht flog.	
Florian	Ha, ha, ha… das kann doch nicht wahr sein! Werwölfe, Spinnen, Vampire, Ritter und Geister haben also Angst vor einer Eule!	

10. Regieplan (Blanko-Vorlage)

Name: _____

Erzähler: _____   [   ] : _____

[   ] : _____   Geräuschemacher: _____

Sprecher	Text	Geräusche
[ ] _____		
[ ] _____		
[ ] _____		
[ ] _____		
[ ] _____		
[ ] _____		

Maria Heuermann / Mirja Kekeritz: Hörspiele im Deutschunterricht
© Persen Verlag

Zeitwächter

Leisewächter

Materialwächter

Lies dir den Text durch.

Kennst du das? Du weißt sofort, dass es deinem Freund am Telefon nicht gutgeht, obwohl du ihn nicht siehst. Seine Stimme verrät dir, wie er sich fühlt.
Traurige Menschen sprechen zitternd, langsam und mit wenig Kraft in der Stimme. Dagegen hört man bei einer gut gelaunten Person sofort an der singenden Stimmmelodie, dass sie fröhlich ist.

Deswegen ist es ganz wichtig, sich bei einem Hörspiel in die Figur hineinzufühlen. Es fällt dir leichter, eine ängstliche Person zu sprechen, wenn du an eine Situation denkst, in der du einmal Angst hattest. Dir werden die Zuhörer sofort glauben und dir deine Rolle abnehmen.
Du musst also die Gefühle nachfühlen und so sprechen, dass andere sie hören können.

Es ist ganz natürlich, dass du dir am Anfang fremd in deiner neuen Rolle vorkommst. Doch je besser du die Geschichte deiner Figur kennst und je häufiger du deine Rolle laut sprichst, umso mehr wird sie ein Teil von dir.
Alle werden dir gebannt zuhören, wenn du deine Rolle mit deiner Stimme lebendig ausfüllst und mit deiner Figur mitfühlst.

Für die Hörspiel-Profis:

Suche dir jemanden, dem du vertraust und vor dem du dich nicht schämst. Sprich ihm deinen Text vor. Dieser Zuhörer soll dir dann eine ehrliche Rückmeldung geben. Natürlich kannst du auch zu Hause vor dem Spiegel üben.
Manchmal hilft es, beim Sprechen ein fröhliches Gesicht zu machen, um sich glücklicher anzuhören oder du reißt die Augen auf, wenn du überrascht wirken willst. Das wirkt sich dann auch auf deine Stimme aus.

 Denke an die Geschichte, die wir als Hörspiel vertonen wollen.
Überlege dir 12 Adjektive, mit denen du unterschiedliche Stimmungen eines Sprechers ausdrücken kannst.

Zum Beispiel: *flüsternd, weinerlich ...*

Maria Heuermann / Mirja Kekeritz: Hörspiele im Deutschunterricht
© Persen Verlag

Anleitung: Schüler zieht eine Was- und eine Wie-Karte und spricht entsprechend der Anweisung seinen Text.

Die mit einem Stern markierten Karten können für das Einstiegsspiel in Sequenz 4 verwendet werden, um die Kriterien für das gute Sprechen zu erarbeiten.

*Wie?
Rede ganz schnell ohne Pausen!

*Wie?
Bewege beim Lesen deine Lippen möglichst wenig!

*Wie?
Sprich ganz laut!

*Wie?
Flüstere den Satz und sprich ganz leise!

*Wie?
Lies den Satz Wort für Wort. Schaue nach jedem Wort auf das Papier.

*Wie?
Kratze dich beim Sprechen an der Nase!

*Wie?
Rede wie ein kleiner Zwerg!

Wie?
Lies wie ein kleines Kind!

Wie?
Lies ganz schnell!

Wie?
Sprich wie ein müder, alter Bär!

Wie?
Lies ganz fröhlich!

Wie?
Lies ganz aufgeregt!

Wie?
Lies ganz traurig!

Wie?
Lies ganz ängstlich!

Wie?
Sprich wie ein ganz kluger Professor!

Wie?
Lies wie ein Sportreporter!

Wie?
Lies ganz wütend!

Wie? Lies den Satz ganz genervt!	**Wie?** Lies wie ein Märchenerzähler!	**Wie?** Lies mit hoher Stimme!
Wie? Lies so, als wäre dein Mund voll!	**Wie?** Lies wie einer, der gerade lesen lernt!	**Wie?** Lies wie ein Bösewicht!
Was? Und da kommt die Schnecke Martha, sie rennt und rennt und rennt …	**Was?** Hast du gut geschlafen, liebes Kind?	**Was?** Auf meinem Pausenbrot ist heute Käse und Butter.
Was? Hast du Lust, mit mir ins Kino zu gehen?	**Was?** Übung macht den Meister!	**Was?** Leise schlich die schwarze Gestalt durch die Tür ins Haus.
Was? Ich kann nie genug essen, habe immer Hunger und esse am liebsten Pizza.	**Was?** Räum endlich dein Zimmer auf!	**Was?** Achtung, morgen kann es Glatteis geben!
Was? Die Kinder rennen die Straße runter.	**Was?** Ich bin so genervt! Hör endlich auf damit!	**Was?** Ich habe einen geheimen Plan.

Maria Heuermann / Mirja Kekeritz: Hörspiele im Deutschunterricht
© Persen Verlag

Sprechen

Ich spreche deutlich und mache Pausen.

Ich spreche mal laut, mal leise.

Ich spreche meinen Text frei.

Ich spiele meine Rolle.

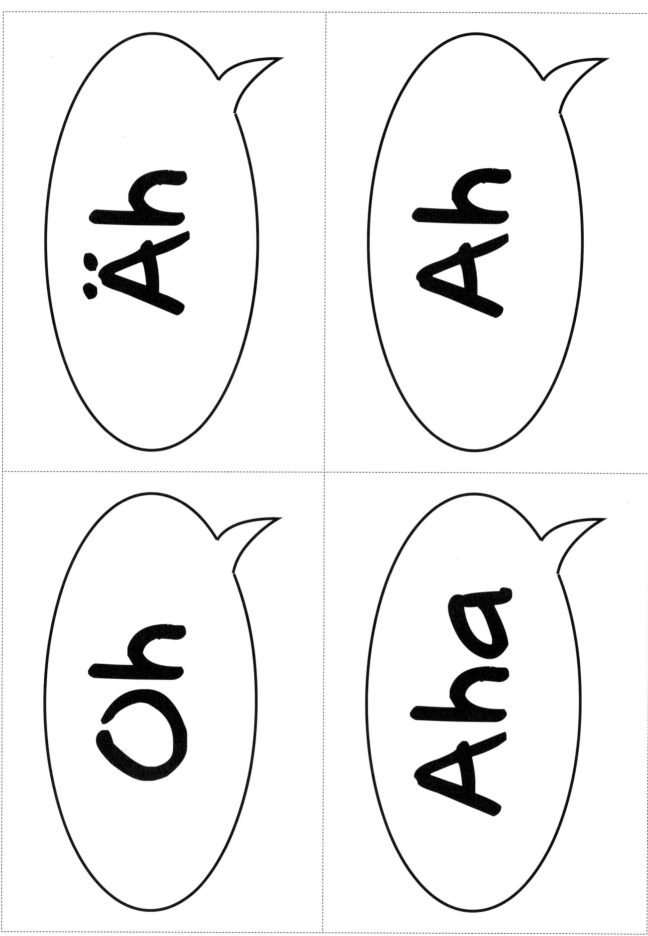

Ah   **Aha**   **Äh**

Du stößt dir den Ellenbogen an der Tür.

Deine Eltern unterhalten sich über deine Weihnachtsgeschenke und du belauscht sie.

Im Mathematikunterricht erklärt dir dein Nachbar die schwierige Aufgabe.
Nun hast du sie endlich verstanden.

Der Wecker klingelt am Morgen viel zu früh.

Ich fürchte mich davor, über ein Seil in luftiger Höhe zu balancieren.

Ich muss den Müll rausbringen und mein Zimmer aufräumen.

Meine Lehrerin fragt mich nach meiner Telefonnummer. Mir fallen die ersten beiden
Zahlen ein und ich überlege weiter …

Ich probiere ein Glas Marmelade zu öffnen, aber ich bekomme den Deckel einfach
nicht auf.

Oh

Du erfährst, dass deine Eltern doch nicht mit dir ins Schwimmbad fahren.

Im Briefkasten liegt ein roter Umschlag für dich.

Du schüttest etwas Pulver in ein Glas Wasser und plötzlich färbt sich das Wasser grün.

Du bist ganz allein im Wald und plötzlich hörst du hinter dir ein Geräusch.

Du versuchst, einen Faden in eine Nadel einzufädeln, doch es funktioniert einfach nicht!

Deine Mutter ist mit dir seit zwei Stunden einkaufen. Nun will sie noch in einen anderen
Laden hinein und du hast keine Lust!

Stimme

1. Geht gemeinsam den Regieplan durch und

   ... <u>unterstreicht</u> die Wörter, die laut gesprochen werden sollen.

   ... <u>unterstrichelt</u> die Wörter, die leise gesprochen werden sollen.

   ... macht Striche | wo ihr eine Pause machen wollt.

2. Tragt in einige graue Felder eine <u>Sprechart</u> ein, z. B. ängstlich, wütend ...

3. Spielt mindestens einmal das Hörspiel gemeinsam durch und achtet auf <u>die Pausen und Sprecharten!</u>

→ **Hörauftrag für Geräuschemacher:** Werden genügend Pausen gemacht? Passen die Sprecharten zu den Situationen?

4. Tauscht euch mit dem Geräuschemacher aus.

Stimme

1. Geht gemeinsam den Regieplan durch und

   ... <u>unterstreicht</u> die Wörter, die laut gesprochen werden sollen.

   ... <u>unterstrichelt</u> die Wörter, die leise gesprochen werden sollen.

   ... macht Striche | wo ihr eine Pause machen wollt.

2. Tragt in einige graue Felder eine <u>Sprechart</u> ein, z. B. ängstlich, wütend ...

3. Spielt mindestens einmal das Hörspiel gemeinsam durch und achtet auf <u>die Pausen und Sprecharten!</u>

→ **Hörauftrag für Geräuschemacher:** Werden genügend Pausen gemacht? Passen die Sprecharten zu den Situationen?

4. Tauscht euch mit dem Geräuschemacher aus.

Maria Heuermann / Mirja Kekeritz: Hörspiele im Deutschunterricht
© Persen Verlag

19. Gruselgeschichte (Geräusche produzieren)

 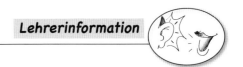

Hier finden Sie eine Auflistung der vertonbaren Geräusche aus der Geschichte. Je nach Gruppenstärke können diese nach Vorschlag oder nach individuellen Ideen ins Hörspiel eingebaut werden.
Die rechte Spalte gibt Ihnen eine Checkliste für die Materialboxen zur Hand, die jede Gruppe für ihr Hörspiel erhalten sollte. Die Materialien sind alle kostengünstig zu erwerben.

Wald / Gespenst	
Schritte durch den Wald	getrocknetes Laub
Rascheln der Schokoladentafel	Alufolie
Nieselregen	Reiskörner in Luftballon; Regenmacher
Windrauschen	über Flaschenhals pusten
Anklopfen an Tür	auf Holz klopfen
Türquietschen	Gitarrenseite
Kettenrasseln	Ketten aus dem Baumarkt
Geisterstimme	Sprechen durch ein Papprohr
Spinne	
verschlossene Tür	Pappe oder Tischset hin- und herschwingen
Treppenaufstieg	Karton mit Reis
Tritte in Schleim	Klebeband von einem Gegenstand abziehen
klappernde Spinnenbeine	z.B. Stifte auf Tisch klappern
Zupfen der Spinnweben	evtl. Musikinstrument
Schokolade	Alufolie
Ritter	
Treppenabstieg	Karton mit Reis
Sturz und Zusammenprall mit Ritter	Blechbüchse gefüllt mit Löffeln
Quietschen des Ritters	mit Gabel auf Teller quietschen
Staub abklopfen	Kissen
Visier zuklappen	Ranzen zuklappen
Werwolf	
Donner	Murmeln in Luftballon
Schokolade	Alufolie
Herzschlag	Stoff, der rhythmisch auseinandergezogen wird
Hundetippeln	Mit Buntstiften auf Tisch tippeln
Heulen, hecheln und jaulen	mit der Stimme
Vampir	
Treppenabstieg	Karton mit Reis
Sarg auf- und zuschieben	Brotdose auf Tisch schieben
Flatternder Umhang	Stoff
Hüpfgeräusch	Körpereinsatz
Poltern	Mit Schuhen aufstampfen
Schokolade	Alufolie
Eule	
Schokolade	Alufolie
In etwas kramen	in Tüte mit verschiedenen Gegenständen kramen
Kratzen der Krallen	auf Schleifpapier kratzen
Geisterstunde	12x auf Topfdeckel schlagen
Flügelschlag	Stück Stoff

Materialbox pro Gruppe

- getrocknetes Laub
- Stück Alufolie
- Reiskörner
- Luftballon 2×
- Kopierpapier

- Flasche
- Stück Holz
- Tüte
- Plastikbecher
- Kette aus Baumarkt

- Papröhre
- Stück aufgeklebtes Klebeband
- Deckel vom Schuhkarton

- Blechbüchse mit drei Löffeln
- Murmeln 3×
- Stoffstück
- Stück Schleifpapier

Einmal Geräusche, bitte!
Das Ohr liest mit.

In euren Geräscheboxen findet ihr unterschiedliche Materialien.
Mithilfe dieser Materialien könnt ihr die Geräusche für euer Hörspiel entwickeln!

---

1 Probiert die Geräuscherezepte für folgende Geräusche aus und hakt ab!

Schritte im Laub:

Legt etwas getrocknetes Laub in den Pappkarton und bewegt eure Hände darin,
als ob ihr laufen würdet.

☐

Schritte auf der Treppe:

Legt Reis- oder Getreidekörner in den Pappkarton und bewegt eure Hände darin,
als ob ihr laufen würdet.

☐

Habt ihr noch eine andere Idee, wie man Schritte vertonen könnte? Probiert sie aus!

Regen:

1. Lasst aus einer Tüte Reis oder Getreidekörner in eine Pappschachtel prasseln
   oder
2. Steckt fünf Reiskörner in einen Luftballon. Blast ihn danach auf und bewegt
   ihn hin und her.

☐

Donner:

1. Stopft drei Murmeln in einen Luftballon. Blast nun den Ballon auf
   und lasst die Kugeln gegeneinanderdonnern.
2. Bewegt ein Tischset schnell hin und her.

☐

Herzschlag:

Fasst ein Tuch mit beiden Händen an und zieht es rhythmisch auseinander.

☐

Habt ihr noch eine andere Idee für den Herzschlag und den Donner? Probiert sie aus!

Geisterstimme:

Sprecht in das Ende einer langen Pappröhre, während ihr das andere Ende
in einen leeren Plastikbecher haltet.

☐

Maria Heuermann / Mirja Kekeritz: Hörspiele im Deutschunterricht
© Persen Verlag

20. Geräuschebox

2 Jetzt seid ihr dran!
Findet eigene Geräuscherezepte und tragt sie ein.

3 Denkt euch eigene Geräusche zu eurem Lesetext
aus und schreibt sie in euer Heft.

Geräusch	Rezept (Wie?)
Wind	
An eine Tür klopfen	
Kettenrasseln	
Klappernde Spinnenbeine	
Sturz von einer Treppe	
Sturz und Zusammenprall mit einer Ritterrüstung	
Staub abklopfen	
Quietschgeräusche	
Hundetippeln	
Flattergeräusche z. B. vom Vampirumhang oder von den Flügeln der Eule	
Kratzen der Eulenkrallen	

Geräusche

☑ ☐   ☐   ☐   ☐

1. Überlegt euch, an welchen Stellen in der Geschichte ihr Geräusche einbauen wollt.

2. Macht dort, wo das Geräusch gemacht werden soll, einen roten Punkt.

3. Entscheidet euch, **wie** das Geräusch gemacht werden soll und tragt es in die rechte Spalte ein.

   Plant **maximal** 10 Geräusche ein.

4. Holt euch eure Geräuschebox. Legt **nur** die Sachen in die Box, die ihr für euer Hörspiel braucht.

Geräusche

☑ ☐   ☐   ☐   ☐

1. Überlegt euch, an welchen Stellen in der Geschichte ihr Geräusche einbauen wollt.

2. Macht dort, wo das Geräusch gemacht werden soll, einen roten Punkt.

3. Entscheidet euch, **wie** das Geräusch gemacht werden soll und tragt es in die rechte Spalte ein.

   Plant **maximal** 10 Geräusche ein.

4. Holt euch eure Geräuschebox. Legt **nur** die Sachen in die Box, die ihr für euer Hörspiel braucht.

Maria Heuermann / Mirja Kekeritz: Hörspiele im Deutschunterricht
© Persen Verlag

Geräusche

Die Geräusche passen zur Szene.

Die Geräusche sind im richtigen Moment eingesetzt.

Die Geräusche sind gut hörbar.

②

1. Aufwärm-Übungen

Bevor es richtig losgeht, müsst ihr euch „aufwärmen". Eure Zunge, Mundmuskeln und Stimme sollen gelockert werden.

Lippen-Gymnastik

Spitzt die Lippen (5×).

Macht einen ganz breiten Mund (5×).

Pustet mit spitzen Lippen (5×).

Reibt die Oberlippe auf der Unterlippe (5×).

Der Fahrstuhl

Beginnt damit, sehr hoch zu summen, werdet dann ganz langsam immer tiefer, bis ihr ganz unten mit der Stimme angekommen seid.

Wiederholt die Übung fünfmal.

Eure Stimme ist nun „warm".

Sprechen ist mehr als reden!

Übungsheft

„AUF DER FENSTERBANK KRABBELT EINE DICKE FETTE SPINNE."

④

Die Rhythmus-Maschine

Einer von euch beginnt damit, die Buchstaben „P – T – K" mehrmals langsam zu sprechen und wird beim Sprechen immer schneller.

Hörauftrag:

Wie lange sind die Buchstaben deutlich zu verstehen?

Nun sind die anderen Kinder an der Reihe.

③

2. Übungen zum deutlichen Sprechen

Zungenbrecher

Wer kann den Text fehlerfrei aufsagen?

Zwischen zwei Zwetschgenbaumzweigen zwitschern zwei geschwätzige Schwalben.

Zwischen den Zähnen

Halte einen Stift zwischen den Zähnen und sprich, den folgenden Satz mehrmals möglichst deutlich:

Auf der Fensterbank krabbelt eine dicke, fette Spinne.

Nun sind die anderen Kinder an der Reihe.

Maria Heuermann/Mirja Kekeritz: Hörspiele im Deutschunterricht
© Persen Verlag

⑥ Stimme macht Stimmung

Denkt einmal an etwas sehr Trauriges, während ihr die folgenden Sätze laut vorlest. Sprecht langsam, leise und eintönig.

„An meinem Geburtstag habe ich ein wunderbares Fest gefeiert! Meine liebsten Freunde sind gekommen und haben mich so reich beschenkt! Wir haben den ganzen Nachmittag gelacht und köstlichen Kuchen gegessen. Ich war sehr glücklich!"

Hörauftrag:

Glaubt ihr dem Kind, was es sagt?

⑤ 3. Übungen zum leisen und lauten Sprechen

Über die Lautstärke kann man Gefühle ausdrücken. Zum Beispiel spricht eine traurige Person eher leise und jemand, der wütend ist, eher laut.

Flüsterton

Probiert den folgenden Text möglichst leise, aber deutlich zu flüstern. Können die anderen Kinder alles verstehen?

An einem Teiche

Schlich eine Schleiche,

Eine Blindschleiche sogar.

Da trieb ein Etwas ans Ufer im Wind.

Die Schleiche sah nicht was es war,

Denn sie war blind.

(Joachim Ringelnatz)

⑧

Super, nun seid ihr für das Hörspiel bereit!

Wenn ihr noch Zeit habt, dürft ihr die Übung, die euch am besten gefallen hat, wiederholen.

---

⑦

Stimmungssätze

Sprecht die folgenden Sätze einmal …

traurig

fröhlich

wütend

müde

genervt

ängstlich

Sätze:

Ich gehe in mein Zimmer.

Ich sage dir mal etwas.

Ich will nach Hause.

Maria Heuermann / Mirja Kekeritz: Hörspiele im Deutschunterricht

Generalprobe

☑ ☐   ☐ ☐   ☐   ☐

1. Legt euch folgende Dinge zurecht:
   - Jeder hat einen Regieplan.
   - Der Geräuschemacher legt alle Instrumente griffbereit.

2. Spielt euer Hörspiel **einmal** durch.

3. Tauscht euch aus.
   - Was hat euch gut gefallen?
   - Was ist zu verbessern?

4. Bewertet euch selbst. Kreuzt an!

	😊	😐	🙁
Wir haben uns an den Regieplan gehalten.			
Wir haben die Texte frei gesprochen.			
Wir haben deutlich gesprochen.			
Wir haben mal laut, mal leise gesprochen.			
Die Geräusche waren im richtigen Moment eingesetzt.			

5. Spielt euer Hörspiel **ein zweites Mal**.

Habt ihr noch Zeit? Dann dürft ihr euch mit dem Übungsheft („Sprechen ist mehr als reden") aufwärmen.

Generalprobe

☑ ☐   ☐ ☐   ☐   ☐

1. Legt euch folgende Dinge zurecht:
   - Jeder hat einen Regieplan.
   - Der Geräuschemacher legt alle Instrumente griffbereit.

2. Spielt euer Hörspiel **einmal** durch.

3. Tauscht euch aus.
   - Was hat euch gut gefallen?
   - Was ist zu verbessern?

4. Bewertet euch selbst. Kreuzt an!

	😊	😐	🙁
Wir haben uns an den Regieplan gehalten.			
Wir haben die Texte frei gesprochen.			
Wir haben deutlich gesprochen.			
Wir haben mal laut, mal leise gesprochen.			
Die Geräusche waren im richtigen Moment eingesetzt.			

5. Spielt euer Hörspiel **ein zweites Mal**.

Habt ihr noch Zeit? Dann dürft ihr euch mit dem Übungsheft („Sprechen ist mehr als reden") aufwärmen.

Am besten war die Szene, als …

Es wurde besonders gruselig durch …

Die Gruppe hat besonders gut …

Achtet beim nächsten Mal darauf, dass …

Es wird gruseliger, wenn ihr …

Maria Heuermann / Mirja Kekeritz: Hörspiele im Deutschunterricht
© Persen Verlag

Text- und Grafikverzeichnis

Grafik:
Stefan Lucas (Piktogramme Kopfzeile; S. 14ff: Verlaufsplanung für den Klassenraum; S. 19: Sprechendes Mädchen, Junge und Hund; S. 25ff.: Bilder der Gruselgeschichte (Florian Bibber, Schloss, Vampir, Spinne, Ritter, Eule, Wolf Gespenst); S. 63 ff.: Kriterien (Sprechen), S. 73 ff.: Kriterien (Geräusche), S. 60: Junge am Telefon, fröhliches Mädchen; S. 75: Junge mit Stift im Mund)

Andere:
Mele Brink (S. 74: Megafon)

Julia Flasche (Piktogramme; S. 24: Ohr, S. 34: Kinder lesen gemeinsam einen Text, S. 79: Smileys, S. 75: Musiknoten, S. 77: Kind denkt an Geburtstagskuchen, S. 78: Kind fliegt zum Stern, S. 72: Karton, S. 71: Mädchen mit Zettel, S. 70: Luftballon, S. 59: Materialwächter, Leisewächter und Zeitwächter)

Anke Fröhlich (S. 77 Teich)

Ingrid Hecht (S. 16 Fußspuren)

Texte:
Seite 77:
Ringelnatz, Joachim: „An einem Teiche"
Quelle: http://www.ringelnatz.net/ringelnatz-gedichte/#teiche

Internetseiten:
www.auditorix.de
www.hoerspielbox.de
www.audiyou.de.
www.mediencamp.net/downloads/microsoft-word---audacity-final.pdf
www.ohrenspitzer.de

Für Ihre Notizen

Ute Hoffmann: Die kreative Fabel-Werkstatt
© Persen Verlag

Praktische Fundgruben für Ihren Aufsatzunterricht!

Felicitas Zeitz, Florian Zeitz

Geschichten hören, lesen und verstehen

Das Komplettpaket zum Hörverstehen

10 spannende Geschichten rund um Kilian, Gesine und Lennart – das ist der Stoff, der Ihre Schüler zum Zuhören und Lesen motiviert. Dieser Band enthält neben den witzig illustrierten Geschichten Arbeitsblätter mit Aufgaben zu Textverständnis

und Wortschatz, die dazu passenden Lösungen sowie auch zahlreiche Anregungen für szenische Darstellungen und Gruppengespräche. Die beiliegende CD liefert Ihnen alle Geschichten als professionell eingesprochene Hörtexte. So ausgerüstet können Sie gezielt sowohl das Hör- als auch das Leseverstehen Ihrer Schüler trainieren und überprüfen.

Trainieren Sie das Hörverstehen Ihrer Schüler mit anregenden Geschichten auf Audio-CD und zielgerichteten Aufgaben!

Heft, ca. 60 Seiten, DIN A4, inkl. CD
3. und 4. Klasse
Best.-Nr. 23309

Elke Mauritius

Vom Satz zum Aufsatz

Handfeste Übungen zum Texteschreiben

Im Band 1 beginnen die Kinder mit einfachen Formen des alltäglichen Schreibens, wie z. B.: Wünsche aufschreiben, sich bedanken, Nachrichten verfassen, eine Einladung schreiben. Schritt für Schritt kommen sie zum Schreiben von Geschichten (Aufbau, wörtliche Rede, treffende Wörter u. v. m.), von Sachtexten (Gliederung, Kürzen von Texten) und Beschreibungen (Gegenstände, Tätigkeiten, Satzanfänge). Viele Beispiele geben Hinweise zum Textaufbau und machen mit unter-

schiedlichen Methoden der Textarbeit vertraut. Mit einem Korrekturheft und Textbeispielen lernen die Kinder, eigene und fremde Texte zu überarbeiten.

Der Band 2 enthält die Abschnitte Texte planen (verschiedene Textsorten, Schreibplan, Bildbeschreibung, Wortmaterial sammeln), Texte schreiben (Beschwerden, Entschuldigung, E-Mail, Zeitungsbericht, Sachtexte) und Texte überarbeiten (Wortfelder nutzen, wörtliche Rede ergänzen, Gefühle ausdrücken, Sachtexte überarbeiten) sowie ein Korrekturheft für die Schülerhand.

Der universelle Werkzeugkasten für Ihre Schüler: in 2 Differenzierungs_stufen!

Band 1: Buch, 92 Seiten, DIN A4
2. bis 4. Klasse
Best.-Nr. 3656

Band 2: Buch, 85 Seiten, DIN A4
2. bis 4. Klasse
Best.-Nr. 3516

Ursula Lassert

50 Bildgeschichten für die Primarstufe

Lustige Geschichten, dargestellt in Bildfolgen, sind der ideale Ausgangspunkt für schriftliches und mündliches Erzählen. Die Themen sind auf die entsprechenden Altersstufen abgestimmt und lassen keinen Raum für Langeweile!

Hervorragend geeignet zum Wiederholen grammatischer Formen!

Mappe mit Kopiervorlagen, 50 Seiten, DIN A4
1. bis 4. Klasse
Best.-Nr. 2008

Ute Hoffmann

Vom Gedicht zum Dichten

Lyrische Texte kennenlernen, gestalten und selber schreiben

Mit diesen Gedichten und differenzierten Schreibaufgaben führen Sie Ihre Schüler Schritt für Schritt an das Schreiben eigener Gedichte heran. Die Kinder lesen Gedichte zu unterschiedlichen Themen aus der Vergangenheit und der Gegenwart, lernen in einem kleinen „Dichter-Kurs", worauf es beim kreativen Schreiben ankommt, und haben Spaß am Experimentieren mit Sprache. Dabei bekommen sie jede Menge Tipps und Tricks an die Hand – auch für die Gestaltung und die gelungene Präsentation ihrer Texte. Nebenbei dichten sie in anderen Sprachen, nutzen den Computer und rätseln und knobeln.

Damit bringen Sie Ihre Schüler zum Dichten und Denken!

Buch, 128 Seiten, DIN A4
3. und 4. Klasse
Best.-Nr. 3346

Unser Bestellservice:

Das komplette Verlagsprogramm finden Sie in unserem Online-Shop unter

www.persen.de

Bei Fragen hilft Ihnen unser Kundenservice gerne weiter.

Deutschland: ℡ 040/32 50 83-040 · Schweiz: ℡ 052/366 53 54 · Österreich: ℡ 0 72 30/2 00 11